十力
文化

U0071967

十力
文化

圖解 理性決策的基本功

「個體經濟學 修訂版」

誰決定了你的消費行為？

慶應義塾大學 菅原 晃

本書以經濟學的基本思考方法（曼昆的「經濟學的10大原則」）看第一章，同時藉由第2、3章學習經濟學的基礎個體經濟學，以及新經濟學的賽局理論（第4章）和行為經濟學（第5章），以達到一本書就能綜觀基礎經濟學和新經濟理論之路程。

個體經濟學 → Chapter2、3

始於18世紀，至20世紀中期時就差不多完成的傳統經濟學

經濟活動與貿易的意義

比起自給自足，生產專業化並互相交換更為有利。
貿易產生雙贏。

比較優勢（→P50）

李嘉圖
（英國，1772～1823）

看不到他人的匿名社會（→ P194）◄
自利、自己的最大利益為主（→ P144）◄
大家有同樣的情報（→ P64）◄
完全競爭市場（→ P110）◄
財、服務市場（→ P64）◄

經濟學之父 亞當·史密斯預知了現代的三種經濟學！（→P250）

均衡只有一種

市場（需求與供給）會達到均衡（→P64）。

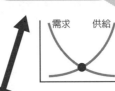

需求　供給

追求自利心，可以增加社會利益
《國富論》

亞當·史密斯
（英國，1723～1790）

馬歇爾
（英國，1842～1924）
創造出個體經濟學的體系

市場機制的極限

市場失靈 （→P128）

不完全競爭市場、外部性、公共財……
➡政府的必要性

以整體的觀點

過於理性地預想未來，才會導致均衡崩壞。

凱因斯
（英國，1883～1946）

即使部分（個體）是正確的，以全體（整體）來看也有可能產生誤差（合成謬誤）。

總體經濟學的創始
（請參考 →《圖解總體經濟學》）

補充個體經濟學

賽局理論、行為經濟學、神經經濟學等開拓了經濟學的新領域。然而，藉由這些分析「作出選擇後的結果」的個體經濟學，仍舊是經濟學中的主要角色。

賽局理論 ➡ Chapter4

始於20世紀中期，於1980年代中開始急速成長。

- ➡瞭解對方並預測對方出手動向(➡P146)
- ➡互相合作以最大利益為目標(➡P158)
- ➡資訊的不對稱性(➡P190)
- ➡寡占市場(➡P154)
- ➡勞動市場(➡P174) 環境、資源市場(➡P150)

與對手一來一往地競爭、合作

	B
協調・和平	背叛・優勢
背叛・優勢	恐怖・平衡

A

囚徒困境 (➡P148)

動態賽局、賽局樹
(➡P186)

均衡是複數的

各參賽者如果都採取最適當的戰略，則結果會產生均衡。
奈許均衡 (➡P150)

約翰・奈許
(美國，1928～2015)

無法獨占利益，必定平等分配。
《道德情操論》

看不見的手的運作

道德（公平的觀察者）
（《道德情操論》）

比較制度（➡P174）

依國家不同，均衡也是各式各樣的。終身僱用和年功序列僱用型態，在日本是合理的奈許均衡。

他人的幸福對自己來說是不可或缺的。
（《道德情操論》）

行為經濟學 ➡ Chapter5

1990 年代後，開始急速普及。

理性與感性左右經濟

感性是理性的夥伴(➡P204)
比起自利心，更重視公平性(➡P206)
➡最後通牒賽局、獨裁者賽局(➡P210、212)
認知的極限 有限理性(➡P228)
不確定狀況下的選擇 展望理論(➡P234)

人，沒有好好思考的習慣(➡P230)。

這時大腦是如何運作的

神經經濟學 (➡P208)
2000 年以後普及

丹尼爾・康納曼
(美國，1934～)

前言

　　本書為經濟學入門書，是為了那些至今尚未學習過經濟學，或是平時工作與經濟學毫無關係者，或是經濟學入門者們，以圖解與實際案例簡單解釋經濟學如何運作的書籍。

　　本書詳細說明了「經濟學本質」：「經濟學，是用什麼樣的方式思考呢？」雖然本書名為「個體經濟學」，卻不是在大學修習「個體經濟學」學分，或是為了檢定考試這類用途為主的「個體經濟學」書。

　　「個體經濟學」這一詞，出現的時間相當晚，大約是在第二次世界大戰之後。當時以「總體經濟學」來稱呼凱因斯所領導的經濟學派，並將在凱因斯之前的經濟學統稱為「個體經濟學」，是後來才被賦予的名稱（總體經濟學主要看的是 GDP、失業率，與物價水準等社會經濟的整體面向）。

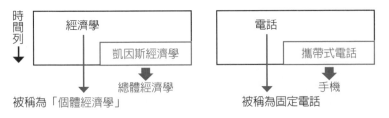

　　因此，本書雖名為「個體經濟學」，但內容探討的其實是經濟學的中心思想。

　　若以一句話來說明個體經濟學，就是解釋同時發生**「需求與供給」的「市場」是什麼？並且分析市場是以怎樣的機制在運行**。「市場」最具代表性的參與者即是「家計（個人）」與「企業」。

　　在「財（商品）、服務市場」中，家計是「需求者」，而企業則是「供給者」。本書將分析家計與企業如何變動，以及這樣的變動又是如何影響市場的。

　　本書使用個體經濟學為工具，探討並說明經濟學上所有學者皆同意的基本觀念。

　　另外，談到經濟理論與經濟現象（現實、實踐）的關係，其中理論是說明已經存在的「現實」；實踐在先，而後出現理論（模型）。

	在現實世界中 先實踐	
・社會上的「交換」行為 　海鮮◆━◆山珍 　農業◆━◆手工業 　物品◆━◆金錢		・蘋果會從樹上掉下來 ・水從高處向下流
↓		↓
・為什麼會有交換活動 亞當・史密斯「因為自利心」 李嘉德「建立在比較優勢上」	數理模型 再有理論	・為什麼會往下掉／流 牛頓「萬有引力」

　　理論是為了說明現實而存在的（**以數理模型掌握現實的數理科學**），並非由理論而生出現實。這之間也有人主張：「經濟學是宗教」、「我不相信經濟學」，但現實是，不論說出這樣的話的人，在到目前為止的人生中作出什麼選擇，他也是因為選擇了某項工作並將技能專業化，同時接受了其他各式各樣工作的人的好處（比較優勢），而成就現在的自己（Trade Off）。這個現象用經濟學理論就可以說明。

　　若是各位讀者在閱讀本書後，能夠發現其實經濟學的思考或觀念是可以廣泛應用在一般日常生活中就好了。若是能夠讀完本書，各位就能夠瞭解到「市場原教旨主義、新自由主義」等理論，嚴格說起來是不存在的。而針對那些流傳在巷弄間對經濟學的批判，我也想澄清一下，這其實「大部分是建立在誤解上」。理解這條路雖然有點長，但我仍然希望各位讀者能夠跟我一起！

菅原　晃

※ 比起嚴密，本書更是優先注重簡單明瞭的說明方式——簡化理論和舉例，對於沒有就經濟學理論的
　爭論、發展作說明這點，還請各位讀者多多見諒。

目次

Chapter 1 曼昆的 10 大原則

Chapter

4 由賽局理論領導的新觀點

Chapter 5

行為經濟學揭露人類的不合理性

曼昆的10大原則

來自曼昆的
經濟學10大原則

經濟學(Economics)，也就是以有限資源為前提，思考如何將這些稀少有限的資源有效利用並管理的學問。

Economics 一詞語源來自希臘語的 *οικονομια*，最初的意思是指「家的管理、家計」，後來就由 *οικονομια* 衍生出 Economics（經濟學）這一詞彙。

事實上，經濟學也就是在探討節約、效率的學問。

資源是有限的，例如石油、煤碳等資源並非取之不盡，用之不竭。而且人的時間也是有限的；企業則存在著資本、設備、勞動力這些條件限制；國家也有著土地、人口、資源等限制。

正因為資源是有限的，在大家都想擁有的狀況下，實際上並無法生產出能夠滿足所有人的財（商品）、服務，這稱為稀有性。**經濟學探討的內容，就是如何有效利用手中稀少的資源。**

在經濟學的學習、研究中，會針對經濟現象有著不同的切入點，但這些不同切入點的中心思想（原理）卻有著共通點。

比如說，在史迪格里茲（Joseph Stiglitz）的著作中提到以下五項線索：「**1. 取捨（Trade Off）、2. 誘因（Incentive）、3. 交換、4. 情報、5. 分配**」，不論哪一項皆是經濟學的代表性基礎思想。假設經濟現象是一道餐點，那麼這五項即是在食用這道餐點時所需要的刀、叉、筷子等工具，是不可或缺的。

本書利用全球經濟學暢銷教科書籍：曼昆（N.Gregory Mankiw）的《經濟學原理（Principles of Economics）》中所提到的 10 大原則為基礎來說明、來告訴讀者，經濟學是怎樣的一種學問？又是怎樣的一種邏輯思維？

經濟學是研究、探討如何有效利用有限資源的學問

「空氣（氧氣）」是否為經濟學研究的對象？

平地的空氣無限多 ← 無稀有性；因此不會成為經濟學探討的對象

在海底、高山、宇宙很少 ← 有稀有性；因此屬於經濟學探討的對象

有限的資源　（時間、人力、物品、金錢）

應該努力念書？還是去打工？ ┊ 哪些工作需要分配？又需要配置哪些資產？ ┊ 現在使用還是之後再使用？ ┊ 用於公共建設？或用於公民？

4 大原則就是：1. 稀少的資源、2. 機會成本（Trade Off 取捨）、3. 以極限作決策、4. 誘因（Incentive）。

保羅‧克魯曼
(Paul Krugman)
(美國，1953～)

經濟學的10大原則　（摘錄 曼昆著《經濟學概要（第 2 版）》東洋經濟新報社）

人們如何作決策？

1. 人無時無刻都面臨著權衡取捨（相反關係）
2. 某樣東西所花的費用，即是為了得到這樣東西而放棄其他東西的價值。
3. 理性的人，會以邊際原理為基礎思考。
4. 人會對各式各樣的誘因有反應。

人們如何互相影響？

5. 交易可以讓所有人都變得富裕。
6. 一般來說，市場是組織經濟的最佳良策。
7. 有時候，政府也是有可能創造出改善市場的成果。

整體經濟又是如何運作？

8. 一國的生活水準是依據該國財（物品）、服務的生產力。

尼可拉斯‧格里高利‧曼昆
(Nicholas Gregory Mankiw)
(美國，1958～)

9. 政府越是印製鈔票，物價越是上漲。
10. 社會面臨著通貨膨脹與失業這 2 項短期的權衡取捨。

※ 即使是最頂端的經濟分析，也都是以這 10 大原則為基礎。

取捨(Trade Off)①
可以選擇的選項只有一個

選擇A代表必須放棄B，這種關係稱為Trade Off，也就是取捨。「現在」的你，就是你為自己到目前為止的人生取捨選擇下的結果。

學生，必須自己分配自己的時間（1 天 24 小時）。

是要全部用來學習經濟學的相關知識？亦或是讀讀心理學？又或者是各分配一半的時間？不論選擇哪一個，都代表著要放棄其他的選項。

若是將自己的時間用於念書，也就意味著要犧牲睡午覺、看電視、上網、約會、打工的時間。

假設是家長要決定家庭的收入如何分配運用，那麼就要考量是將錢用在家人的服裝、伙食或旅行上？或是儲蓄起來作為孩子長大後的升學基金？不論是使用在哪個目的上，即代表著每支出 1 萬元的同時，在別的項目上，就少了 1 萬元的可用支出（或儲蓄）金額。

以企業來說，假設有十項企劃案正在進行，企業方則必須決定優先進行哪一個項目。增加公司員工人數、調整建築物的空間、有限的時間、資本……不論決定要優先進行哪個企劃案，都意味著必須延後別的企劃案，或是放棄投入其他企劃資源。

> 我們對購買物品服務（商品）的慾望是無窮盡的，但可使用的金錢卻很有限。只要考慮到經濟，就代表著家計、企業、政府在有限金錢這樣的前提下，必須有限制地選擇這些物品或服務等資源。石油等天然資源、土地，以及工作者與其能力與技術、情報、時間等等皆可以稱作資源。　　　　　（摘錄《社會科　國民中學－公民》帝國書院）

也就是說，取捨（Trade Off）並非單指「如何花錢」，更能延伸到「打工賺錢或讀書？」、「是否要結婚？」等等，**是與人的一生息息相關的選擇。就是因為資源稀少，所以無法全選。**

我們總是在時間或金錢上作取捨

學生

有限的時間，用在學習上？還是選擇用在打工上？

念數學？　　　　　薪水用來買參考書？
念英文？　　　　　薪水用來支付團體旅行費？

家庭

現在馬上消費？或者是為了將來而儲蓄？

餐費？　　　　　房屋的頭期款？
治裝費？　　　　孩子的升學基金？

企業

選擇 A 企劃？或是選擇 B 企劃？

員工人數或預算又要如何分配？

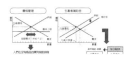

> 大多數的情況下，為了可以選取更多商品的種類，通常會相對減少某項商品的量，例如：假設中餐餐費只有 500 日圓，那麼並不會把 500 日圓都拿來買麵包，而是一部分買麵包，剩下的拿來買飲料。　　　　　（摘錄《社會科　國民中學 – 公民》帝國書院）

無限可能的結果是，只能選一個

你們有著無限的可能性！

但是真正選擇的未來道路卻只有一條⋯⋯

取捨(Trade Off)②
效率性還是公平性？

效率性與公平性是完全不同的概念（也有可能會同時成立），但是站在
經濟成長的觀點來看，兩者是取捨關係。

人類因為聚集而形成社會，於是就面臨了要「效率性還是公平性」這
項選擇題。「效率性」，也就是如何有效利用有限的資源，並得到最大限
度的效果，又稱為「**餅的擴大**」。而「公平性」，則是指社會如何平均分
配這個餅，也就是「**餅的分配**」。

社會福利和失業保險等制度，就是對社會上弱勢族群的「餅的分配」。
政府課徵「累進所得稅」的制度，也就是收入所得較高者相對必須負擔
較多，也屬於「餅的分配」。

在這個狀況下，實現了「公平性」，卻可能面臨「效率性」的降低。
相對於付出更多的勞動力，但報酬卻減少了，對企業來說也有可能會發
生財（商品）、服務的生產減少的問題。

個體經濟學主要處理的，就是「餅的擴大」這個效率性的問題。另一
方面，「餅的分配」則是政治問題。「效率性」可以用數字證明，但是
「公平性」卻沒有正確答案。

說到課稅，不只有垂直性公平的「累進稅」，更有水平性公平的「消
費稅」（讓所有人皆負擔相同的金額）。

另外也有「年功序列型薪資」[註1]，主要是看「年齡上的公平」；而
「成果型薪資」則是「能力上的公平」。「哪一種才是真正公平？與美感
一樣，是根據人的觀點不同而有所差異」（曼昆）。

效率性（餅的擴大）	公平性（餅的分配）
經濟學（市場）	政治學（民主政治）
實證分析	規範分析
事實論「有～」	價值論（真善美）「應該～」

效率性還是公平性

餅的擴大
效率性
經濟學

納稅者　⬌　（例）老年人

餅的分配
公平性
政治學

> 經濟上的富裕，並不代表經濟以外的幸福就會降低。由於沒有相對關係，因此透過經濟學朝向使經濟生活更富裕的目標前進，並且找尋其他方法追求不同的幸福即可。這並不是一定要二選一的二元論。

飯田泰之（1975～）

田原總一郎
（1934～）

> 安倍經濟學……主張「我會讓經濟成長給你們看」的安倍政權。在野黨主張的不是成長論，而是「股市上漲對一般民眾也沒有好處」、「應該要減少非正規員工，並增加正式員工配額」等分配論。然而，若是經濟不成長，也就沒有財富可以分配。對於在野黨的主張，我感受不到促使經濟成長的動力。
> （摘錄「週刊朝日」2014.12.19 號）

因市場經濟、計畫經濟的差異，導致效率性出現極大反差的案例

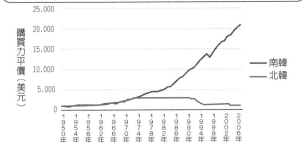

平均每人 GDP（「New Maddison Project Database」）

購買力平價（美元）

—— 南韓
—— 北韓

> 南北分治後的南韓（市場經濟）與北韓（計畫經濟），經過約50 年後，在效率上就有極大的差距（平均每人 GDP）。而德國也是，統一時東、西德的所得差距極大。

1989年 東、西德的貧富差距

（「德國統一花費與最近的歐洲問題」—「日本銀行月報」1992.12 ）

■ 平均月收（馬克）
■ 國民生產淨額（億美元）

東德　1.290
　　　1.454

西德　3.876
　　　10.510

將機會成本
放到天平上秤秤看

機會成本就是某樣東西的費用,等同於為了得到這樣東西而不得不放棄其他東西的價值,也是所放棄的價值(費用或時間)。

面臨取捨問題時,一般會先比較費用(包含時間)與利益(可以得到的東西)後,再決定要選擇哪一個項目,但是一般來說對於費用的部分卻不是很明確。

例如升大學,那麼將來可以學到知識,並且得到更多不同職業的選擇機會,這就是好處、利益。費用的部分,則是學費、教科書費用、房租、伙食費等等,把這些加總起來,應該就是成本了吧?

其實不然,就算不升大學,也會有住宿與伙食費的開銷。若是決定工作而不升學,那麼這 4 年間則會有收入所得;若是決定升大學,也代表著放棄了這 4 年的收入所得、勞動時間。

決定升大學將會有的開銷費用、好處,與放棄就學直接工作所可以得到的所得、時間的總費用相等。對於高中生來說,升大學的好處不符合**機會成本**(得到這邊而放棄另一邊的價值),因為也有人轉而向職業體育界、演藝界來發展。這些都是為了選擇某樣東西,即代表著必須放棄別的東西。

選擇轉行而放棄現在的收入,這就是機會成本。液晶工廠的員工,轉行至太陽能電池生產業,即是放棄了液晶生產的機會成本。

退休後,去看午場電影的時間成本雖然只有一點點,但相比之下,卡洛斯·戈恩(NISSAN 的 CEO)1 小時的時間成本約為 62 萬 5000 日圓(8 小時 ×200 日= 1 年 10 億日圓的報酬),即使是 1 分鐘也不能浪費。卡洛斯·戈恩喝咖啡休息的時間,同時伴隨著新進員工的 300 倍薪資的機會成本。時間是如此寶貴,也難怪他使用私人飛機這樣的交通方式了。**取捨(Trade Off),也就是將機會成本放在天平上秤。**

依教育水準不同的平均年收入

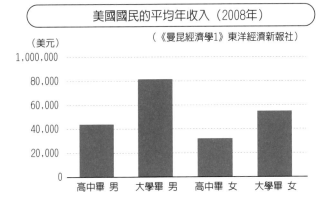

一般來說，高中畢業選擇升大學後，未來的就業選擇機會就會變多，有可能扣掉學費（費用）後的生涯薪資還是會比較高。（有利）

將機會成本放到天平上

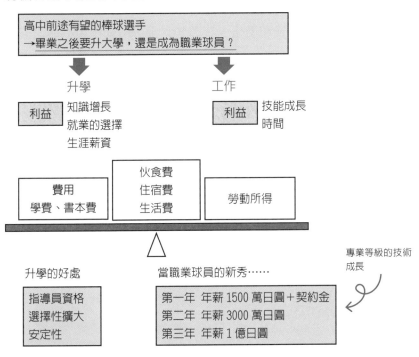

也有升學的利益與費用不符合機會成本的案例。例如：高中棒球最有前途的選手，畢業後直接進入職業棒球隊，選擇成為現役選手大展身手，或許還比較能夠有效地利用時間。但另一方面，如果受傷了，那麼以選手作為生計以外的其他選項就會變少。選擇某一方＝放棄另一方。而機會成本，也就是指要放棄哪一個價值……

理性的思考，
建築在邊際理論上

理性人（Rational People），指的是那些受限於環境限制條件，為了達到目標，而整備方法使盡全力的人。

在經濟學上，是將人的行為與社會形態預設為理性且合理的。

人為了提高自己的滿足度（效用），會決定將自己一天中的幾小時使用在勞動，另外幾小時則是自由時間；或是獲得的收入中多少作為消費、多少作為儲蓄，或購買哪一個財（商品）、服務。

公司會追求利潤極大化，決定要僱用誰、生產多少的財（商品）、服務，以及賣多少的量和價格。在這些狀況下，理性人不僅知道選擇 100 還是 0，除此之外的事情也都清楚。例如，晚餐要怎麼辦？不是「要不要吃」，而是在「家裡吃」還是要在「外面吃」？要吃「日本料理」還是吃「中式料理」？在這幾個選項中選擇而已。

考試前，學生分配讀書時間也不會是「24 小時都念書，或完全不念書」，而是減少看電視的 1 小時復習上課筆記這樣的選項。這個微調選項，就稱作「**邊際的選項**」。

選項，並不是選資源的所有，而是**邊際資源**的微調而已（邊緣的資源）。換句話說，取捨（Trade Off）並不是指所有會花費的費用與所有得到的好處之綜合、平均，多半是比較**邊際的費用與邊際的好處後作選擇**。

何謂邊際（Marginal）？
「追加」的意思，在最後追加的一單位（時間、錢、勞動力等等）。假設，在生產（消費）某財（商品）、服務時，生產（消費）一單位的財（商品）、服務稱為「邊際成本」，從中可以得到多少的追加利益（利潤、滿足等等）則稱為「邊際利益」。
「邊際效用（滿足度）」、「邊際成本」、「邊際收入」、「邊際生產」、「邊際消費傾向」。常常聽到「轉手獲利」，日文稱為「マージンを取る」即取得 margin（利，賺頭），而 margin 本義有「邊緣」的意思，正是在說「marginal（邊際的）」。

繁忙期與邊際收入生產

　　根據總務省「家計調查」(2012 年)，日本 2 月對巧克力的支出額就達到了 1 年的 23.1%。

　　一般來說，巧克力工廠 10 位從業人員 1 天可以製作 100 個產品，但在 2 月時卻是 1 天做了 1000 個。然而，只僱用 1 名打工人員是無法完成 1000 個的，僱用 100 人的話卻又會造成赤字。工廠廠長必須要比較「巧克力價格 X1000」的利潤與「打工人數 X 時薪」的成本，在「利潤＞成本」的狀況下僱用打工人員。

　　是否僱用（追加）最後 1 名打工人員，這個界限則稱為「邊際」。

業務忙錄期需要再僱用幾名打工人員？

一般
100 個／1 天 生產

是否要增加最後 1 個人？
以「邊際收入＞邊際成本」作考量

繁忙期
1000 個／1 天 生產

．．．

美國職棒大聯盟的選手年薪高的原因

（摘錄《哈伯德經濟學 2 基礎個體編》日本經濟新聞出版社）

(1) 大聯盟選手＝邊際收入生產高

增加僱用選手 1 人，團隊的追加收入會增加多少？

＝大聯盟選手的邊際收入生產之大小

追加成本：選手的年薪

追加收入：觀眾購買的門票、收音機和電視的播放權費用、周邊商品的販賣額等。

大聯盟 750 人的平均年薪：330 萬 5000 美元（2011 年）

※ 紅襪（超人氣球隊）比起聖地牙哥教士隊的年薪又來得高。

(2) 大學教授＝邊際收入生產低

追加成本：教授的年薪

追加收入：學生人數是否會增加（有待商榷）

美國大學教授 150 萬人的平均年薪：8 萬 4000 美元（2011 年）

若是錯估了邊際……

　　有關線上購物，大多數企業為了確保盈虧平衡飽受辛勞。因網路商店上的商品價格與店鋪零售的價格相同，但蒐集商品並寄到客人手上這部分的費用，實際上是由企業所負擔（網路商店的商品還需人手包裝出貨），是為成本。「無視盈虧的服務」，就是無法創造出利益的主因。　　　　　　　　　　　　　　　（摘錄「日本經濟新聞」2014.12.25）

邊際成本等同免費

DVD 或音樂、影像、文字的數位情報等的下載、拷貝所需的邊際成本很小（只需要電費與時間）。在「邊際成本＜邊際利益」的背景下，違法的拷貝行為無法杜絕。

人受誘因驅使行動

10大原則 4

誘因（Incentive），如同懲罰或報酬一樣，是促使人們展開行動的「動機」，也就是「是否有利」。

比較「成本與利益」，即意味著我們對某種誘因做出了反應。學習經濟學即能瞭解，誘因（Incentive）在經濟學的核心中，扮演著很重要的角色。也有經濟學者誇張地說：「誘因就是經濟學的全部，其餘的不過只是例證而已。」

關於特賣會或知名拉麵店，消費者會判斷是否值得「付出『費用（時間、金錢）』換取『利益』」，來決定是否要排隊。

日本的家庭主婦會將打工收入控制在年薪 103 萬日圓以內，這是因為日本的居民稅[註2]中規定同戶籍的夫妻，妻子的所得會併入丈夫所得一起計算，而稅率會根據「同一戶籍所得總額」增減。

日本現行的「配偶免稅扣除額」規定，若妻子（配偶）的年收入低於103 萬日圓，則丈夫（納稅人）的所得可以有 38 萬日圓的扣除額，居民稅也可以扣除 33 萬日圓，因此需要繳納的稅金會減少。

歐洲柴油車的比例較高，而美國則較低，這是由於歐洲比起柴油，對汽油抽取較高的稅，而美國恰好相反的緣故。

美國大學的學生會拼命念書？雖然美國大學的學費比日本還要高，但是有充分的獎學金制度，只要平均成績落在前三分之一排名的學生，實際上幾乎不需要花錢繳學費。

經濟學者對如何推行政策的答案很簡單，「想保護環境，就提高燃料稅；想引進耗油量較少的車，政府就必須出補助金。若希望推動太陽能發電，就該在稅金上提出優惠」。

提供誘因，才能有效地推動政策。實務上也不缺乏因政策改變，而影響人民或企業的誘因（Incentive）的例子。

誘因與政黨

「日本新政黨創黨時期的法則」

年末型——每年 1 月 1 日，日本政府會依據國會議員人數比例，計算發放政黨補助金。因此，議員必定會有若是要創新黨的話，必須在每年年底前完成。這時脫黨的議員們，會在年底前成立新黨，例如 1994 年 12 月時成立的新進黨。因此，這些政黨也被其他政黨批評是「為了（政黨）補助金」而來的。

（摘錄「日本經濟新聞」2014.5.11）

打工勞動現狀

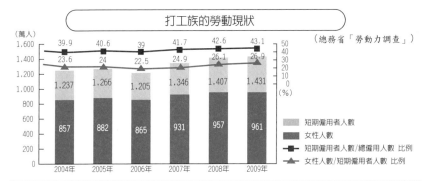

「約 75% 的家庭主婦打工族，會將年收入控制在 103 萬日圓以內」

我向會控制自己的收入，或「有設上限」的日本家庭主婦打工族詢問了原因：若自己的年收入落在「90～103 萬日圓（含）」內，回答「因為自己收入不會被課所得稅，並且符合配偶者免稅扣除額的實施對象」的人占了至 54.2%。其中收入落在「103 萬以上，未滿 130 萬日圓」，回答「因為以被撫養者名義加入丈夫的社會保險」的人占了 62.2%，設定自己收入上限的理由大致雷同。

（摘錄 AiDEM 人與工作研究所「2010 年版 part-timer 白皮書」）

金錢動機比社會動機高的案例

黑田博樹（前美國大聯盟洋基隊投手），睽違 8 年回到故鄉廣島。他 1 年約有超過 4 億日圓的年薪（推測）。隔季也收到洛杉磯道奇隊出價年薪 1500 萬美元（約 18 億日圓）的大型合約。

（摘錄「每日新聞」2014.12.27）

社會的動機與金錢的動機是無法共存的。（因為是義工，所以付出勞動→低報酬而喪失動力）。誘因，是在綜括了許多不同的要素後，判斷「是虧還是有利」。

<table>
<tr><td>10
大
原
則
5</td><td># 交易能讓
所有人都更富裕</td></tr>
</table>

貿易，也就是指交易(Trade)、交換(Exchange)。交換，讓所有人能夠更富裕。

「交換」是自有人類以來就一直持續至今的行為，這個**「交換（交易）」，正是人類經濟的源頭。**

狩獵採集民族，習得農業而後定居。農業漸漸發展出農田耕作與畜養家禽的畜牧業等，這就是「糧食生產革命」，最早出現在西元前 8000 年左右的美索不達米亞平原。

狩獵時代是沒有勞動概念的，直至農耕時代才開始有了為下一期收穫訂定計畫，以及守護家園等觀念。管理生活，也就是「家計：經濟」語詞的起源。

農耕、畜牧時代的生活比起狩獵來得更為安定，於是又出現了各種職業。自「農耕」、「畜牧」、「狩獵」，然後是木匠、漁夫等等，藉由各自分工的方式，使生活更加富裕，生產物也更充足。古文明的發源地——美索不達米亞的分業工作很順利穩定，但也因為生活富裕而常遭受鄰近部落的攻擊，「被掠奪的東西」也很多。但與其因受到攻擊而損失，還不如向國王進貢以組織軍隊更有安全保障，這也是「稅」的開始。

貿易（Trade ＝交換），可以讓人在農耕、縫織、建築……等各自拿手的領域內成為專家。

藉由與他人的貿易行為所獲得的財（商品）、服務，比起自給自足所收穫得更多，而且更為便宜。

200 年前的李嘉圖曾提到「為何人類要有交換行為」，這是因為「藉由交換行為而產生更多利益」，並提出了**比較優勢論**（第 50 頁）予以證明。人類在理論出來之前，就已經先實踐了交換行為。

分工與交換的利益

（尼古勞斯・皮珀 Nikolaus Piper《Geschichte der Wirtschaft》）

> 人是不可能既包辦所有工作，又做得極好。因此，能夠在某件工作上做到最好的，只有專注於這個工作領域的人。
> （色諾芬《經濟論（Oeconomicus）》）

色諾芬
（古希臘，西元前 430 ～ 354 年）

> 生活在北非都市國家迦太基的人，是如何與鄰近使用石器的人們交易呢？
> 1. 迦太基人航行、停靠在某特定的岸邊，再將自己的貨物放置在岸邊。
> 2. 回到船上，放狼煙（作為信號的火與煙）
> 3. 當地居民來查看商品，有需要時就放置與貨品價值相當的金子。
> 4. 迦太基人若是對於金子的數量感到滿意則會離開；反之，在達到共識前都會留在那裡。

希羅多德
（古希臘，西元前 484 ～ 425 年）

在德國上古時期的墓穴中，發現了幾千公里外的希臘土器碎片與裝飾品。由此可知，交易在史前時代就已經開始了。

社會的分工

比起自己 1 個人自給自足，不如各司其職使產業專業分工化，而互相交換也更有效率，並且更能夠生產出較多的財（商品）、服務。

> 修理的事就交給我吧！

> 關於藥的事情，問我就對了！

> 我最會做麵包喔！

建立市場是組織
經濟活動最好的方法

在經濟學中，執行交換的場所皆稱為「市場(Market)」。如何活用這個市場，即稱為「市場經濟(Market Economy)」。

於 1917 年產生、1991 年崩解的蘇聯共產主義制度中，不論是生產哪個財（商品）與服務、生產多少、誰接收，皆由中央政府來決策，由政府來經營工廠或店家。

其理論是：能夠利用經濟活動決策讓國家整體經濟福利向上成長的，只有中央政府。相對於**市場經濟**，共產主義這樣的經濟模式被稱為「**計畫經濟（Planned Economy）**」。

在市場經濟中，由幾百萬～幾千萬的人們或是企業，取代計畫經濟的中央政府來作意思決定；而人們自行決定要進入哪家企業工作，或是如何運用自己的薪資。

人們與企業的行動互相影響，並會決定商品價格數量，於是這些因素再度影響決策。不可思議的是，儘管決策是分權的決定，市場經濟卻確實提高了經濟福祉，並極為成功。

亞當·史密斯（參考第 250 頁）認為「自利的決策引導看不見的手，帶來最理想的結果」。學習經濟學，就能瞭解看不見的手會引導最理想的結果，其手段之一就是價格。亞當·史密斯認為透過**調整價格數量，能夠讓社會的經濟福祉最大化**。

政府若是企圖妨礙價格調整，那麼看不見的手的力量就會變弱。共產主義之所以會失敗，就是因為看不見的手受到政府的束縛，因此無法有效運作。

在市場經濟中，人們與企業所持有的情報是由價格顯示，而共產主義制度中的中央政府實行價格管理，因此並沒有真實的資訊。

市場經濟與計畫經濟

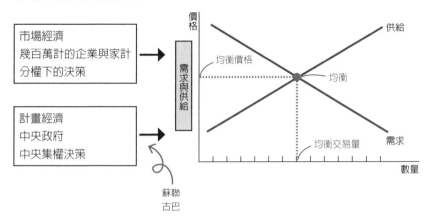

市場經濟
幾百萬計的企業與家計
分權下的決策

計畫經濟
中央政府
中央集權決策

蘇聯
古巴

蘇聯的價格管理與生產者補助金

為了消費者而實行價格管理
（低價援助消費者）

為了生產者而實行的補助金政策
（高價援助生產者）

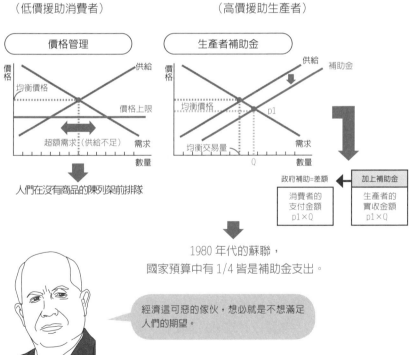

人們在沒有商品的陳列架前排隊

政府補助=差額

消費者的
支付金額
p1×Q

加上補助金

生產者的
實收金額
p1×Q

1980 年代的蘇聯，
國家預算中有 1/4 皆是補助金支出。

經濟這可惡的傢伙，想必就是不想滿足
人們的期望。

赫魯雪夫
（前蘇聯總書記，1894 ～ 1971）

政府也有可能 改善市場的成果

10大原則第7點的原文為Government can sometimes improve market outcomes，不是will而是can，因為並非「總是改善」。

研究經濟學的其中一個目的是「**瞭解為何需要政府**」，原因是：市場經濟的規則需要有人整備，而政府正是這樣的角色。

普及於現今社會的「私有財產制度」中，商品的所有權是必須受到保護的。若是客人都不付費，那麼餐廳就無法經營下去；若是容許盜版拷貝行為，那麼正版創作將會越來越無法生存。**警察、法院、制度，對看不見的手來說是必要的。**

另一個原因是，**看不見的手並非萬能。**

從效率性與公平性（參考第 14 頁）的角度來看，在效率性上資源分配無法順利進行時，則為「**市場失靈**」（第 128 頁）。另外，還有人們與企業的自利行動導致環境遭到破壞，進而造成社會整體福利的縮減，這稱為「**外部性**」。

還有一種市場失靈為「**獨占、寡占**」，這是指當一個人或一個團體，不當操作市場價格時的情況。假設，村裡只有一口井，那麼能夠約束水井所有者暴利行為的機制將無法運作，價格機制也就無法運作。在「外部性」或「獨占、寡占」存在的狀況下，執行適當的公共政策可以有效提高效率。

但是，政府只是「可以改善」，並非代表「總是改善」。公共政策若要求完美，需要經過歷時長久的「政治」過程才得以立案。決策權被擁有充足影響力的團體左右，或是由未持有充足資訊的領導者決定等狀況也是有可能會發生的。**測量公共政策的適當性，則需要分析經濟學的「效率與公平」。**

政府的必要性

1. 整備規則	警察或法律、防衛	
2. 市場失靈	(1) 獨占、寡占	獨占會妨礙資源分配的效率
	(2) 外部性	公害對策費，不含在私人價格內
	(3) 資訊的不對稱性	消費者不清楚藥物的安全性
	(4) 公共財	出現過度使用路燈或公共設施的人

市場失靈之案例

北京的空氣污染——因為能見度過低而臨時取消航班是家常便飯；肺癌罹患率接近 60 %，在經濟上的損失預計約為 890 億日圓。針對公害對策的部分，相關單位 3 年約投入了 1000 億人民幣（約 1.5 兆日圓）左右。　　　　　　　　　（摘錄「路透社」2013.3.29）

右圖顯示，企業未考慮到空氣污染就生產商品（均衡點 p1）。如果將污染對策費用納入成本之中，則均衡點為 p0。若是完全取決於市場，那麼會產生公害的商品將會供應過剩。如果課徵污染對策稅（環境稅，**公共費用將會加在商品成本上**），資源分配的效率則變成 p0。

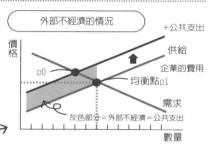

日本政府失敗的例子（八田達夫《個體經濟學 expressway》東洋經濟新報社）
理髮師與美容師的國家證照限制

(1) 必須有高中以上的學歷
(2) 必須畢業於厚生勞動省認可的專門學校（2 年），約 150 萬日圓的費用。
(3) 美容師要成為理髮師（也有相反的狀況），必須另外再花 2 年加上 150 萬日圓的費用（但學科為重複性內容）

為何沒有武道、書道、花道等能力檢定證照考試？
①學校有賺錢
②對業界團體、認證試驗實施團體下的命令
③保護已有美容師、理容師執照的既得權益
　　　　　　　　　　　　　　　　　　　　大家皆設立團體

◎美容師與理髮師在同一家店工作是被業界法明文禁止的。此條法律是在戰後的 1947 年，自他國戰地返回日本的人們，陸續憑著一把剪刀便開始營業「青空床屋（露天理髮店）」。由於當時店舖間的競爭不斷，議員因此而立法，以詳細規章規定，奠定專業基礎。
◎ 2016 年，厚生勞動省開始認可同時持有理髮、美容兩者證照資格的人可兼併業務。美容師 49 萬人、理髮師 23 萬人，兼具兩者資格者為 1.2 萬人。為取得證照，兩者各別需要 2 年的通學，總共需 4 年的時間才可以取得兩種證照。
　　　　　　　　　　　（摘錄「日本經濟新聞」2015.3.15、2015.6.10）

國民生活水準
反映在生產效能上

人、企業、國家的生產效率高低，是取決於所得收入，每小時(每人、每單位資本)左右的生產能力(Output)。

2013 年，美國平均每人名目 GDP 大約為 5 萬 3000 美元，而日本為 3 萬 8500 美元、馬來西亞為 1 萬 500 美元、奈及利亞為 3000 美元（IMF 統計）。

平均所得的差距，就反映在國民生活水準上。高所得國家比起低所得國家過得富裕，人民擁有較多的電視或車子、營養也較好、醫療也較先進，因此平均壽命也較長。

歷史上，美國的年均所得實質成長率約為 2%，這個成長率成就了美國的國民平均所得每經過 35 年即成長 2 倍，並向上累計，於是 20 世紀的美國，平均所得總共成長了 8 倍。（同時期的日本，成長 17.6 倍）。

> 為何因國家或時代的不同，生活水準差異也大呢？這個問題的答案，簡單得令人驚訝。生活水準差距或差別，以各國的生產效率就可以說明。生產效率，指的是一個人勞動 1 小時可以生產出的財（商品）、服務的量。對於勞動者 1 小時可以生產較多之國家，其生活水準較高；而生產效率較低的國家，則必須忍受較低的生活水準。一個國家生產效率的成長率，取決於平均所得的成長率。
>
> （摘錄《曼昆經濟學 1 個體篇（第 3 版）》 東洋經濟新報社）

美國的國民所得於 1970 至 1980 年間呈現低成長的狀態，當時認為原因在於美國與日本等其他國家的貿易競爭，才導致國內成長低迷，但其實真正的原因並非於此，而是肇因於美國國內的生產效率成長率低。

日本失落的 20 年期間，也並非因為日本與其他國家競爭所造成，而是因為日本國內本身的生產效率沒有成長才產生的現象。

若以日本這樣社會公共設施如此完備的國家，與南非國家相比，單就生產效率這一點來看，即有壓倒性的差別。

依據國家不同，生產效率也不同

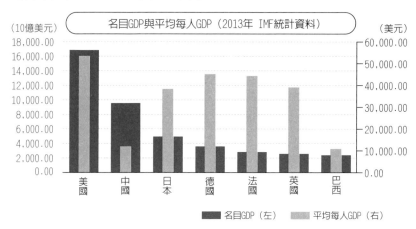

生活水準的差距，並非取決於 GDP 絕對值，而是各國的生產效率（平均每人 GDP）。如中國的名目 GDP 雖然高於日本，但生活水準卻低於日本。

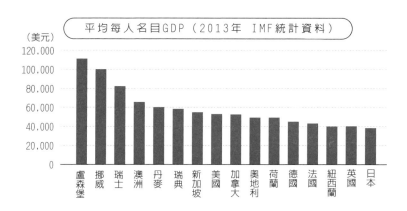

日本平均每人名目 GDP 的世界排名變遷

1983 年	1993 年	2003 年	2013 年
17 名	3 名	11 名	24 名

然而，日本平均每人 GDP 的排名卻由 1993 年起逐年下滑，這並不是一個經濟興盛國家該有的狀況。

因為技術的提升產生變化的生產效率

機械、設備	由於人力→機械（堆高機或挖土機）的導入，生產效率躍升。加上電腦數位資訊處理速度的提升，生產效率也提高。
人	人學習到技術之後，會提高生產效率（改善表格計算軟體的操作便利性）。老鳥的生產效率比菜鳥高。

剪票口的自動化

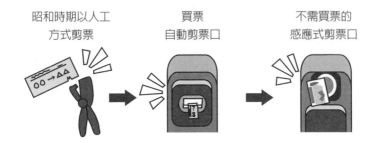

昭和時期以人工方式剪票　　買票自動剪票口　　不需買票的感應式剪票口

分類的自動化

木川真（Yamato Holding 現任社長）「人手不足，改為自動化」

　　需要處理的包裹日趨增加，人工分類的方法已經無法負荷。預定使用最新的自動化設備，以提高生產效率，希望能將人事費用調整為折舊費。目標是每一個包裹所需要的人事費用，比 5 年前降低三成。

（摘錄「日本經濟新聞」2014.12.23）

薪資與勞動生產效率

吉川洋「理解地球」

　　不論哪個時代，每個國家為了提高薪資，勢必要提升自己國家的勞動生產效率。每個國家皆同時存在著生產效率高與低的部門，人們由生產效率低的地方向高的地方移動，則一國的經濟整體平均生產效率就能提升。高度成長在現在這個時代已成過去，時代早已變遷，但這樣的理論依舊存在。人自生產效率低的地方流向高處，本就是經濟中的自然流動。生產效率的高低與薪資、報酬的高低相對應；有生產效率高且薪水高的部門的存在，人就會往那個方向移動。

（摘錄「讀賣新聞」2014.12.21）

吉川洋（1951～）

經濟成長的三種主要因素

> 增加國內生產有三種方法，也就是提高和增加工廠或機械等的「資本」，使用機械產生的附加價值「勞動力」，以及一位勞動者在一定的時間內可以生產出的商品與服務的量「生產效率」等三種，符合其中一種即可。
>
> （摘錄《簡單的經濟學》日本經濟新聞 2015.4.15）

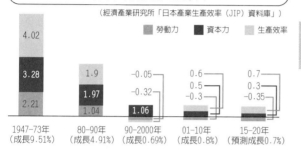

日本經濟成長的主要原因

（經濟產業研究所「日本產業生產效率（JIP）資料庫」）

日本經濟成長是由經濟成長的三種主要因素中的「生產效率」支撐。

企業生產效率的差異

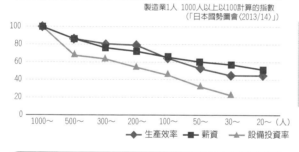

大型企業與中小企業的差距

製造業1人 1000人以上以100計算的指數
（「日本國勢圖會〈2013/14〉」）

生產效率的水準直接關係到所得水準。大型企業的員工數最多占 24.8%，出貨額占了 53.2%。（「中小企業白皮書 2013 年版」）

大、中小型企業　生產效率、勞動比率

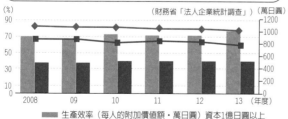

（財務省「法人企業統計調查」）

大型企業的附加價值額（利益）約為中小型企業 2 倍。勞動比率（企業生產出的附加價值中，以人事費支付給勞動者的比例），則是中小型企業＞大型企業。中小型企業的利益，有 80% 以上會消耗在人事費用上。

過度印製鈔票，物價上漲

10大原則 9

通貨膨脹(Inflation)是指市場上整體價格上漲的程度；通貨緊縮(Deflation)則是市場商品價格持續下降的程度。

1921 年 1 月，德國一份報紙約為 0.3 馬克，到了 1923 年 11 月漲到 7000 萬馬克，是全球經濟史上最具戲劇性的通貨膨脹之一，被視為**惡性通貨膨脹**。

1970 年，美國即使經濟不景氣（低成長），一般物價水準仍然上升了 2 倍，稱為**停滯性通貨膨脹**（Stagflation，是停滯「Stagnation」與通貨膨脹「Inflation」的複合詞）。

在通貨膨脹率高的情況下，活期儲蓄存款的價值會降低（借款也會減少）。因此，世界各國的中央政府、銀行最主要的共通目標，都是維持穩定的低通貨膨脹率。

大幅度的通貨膨脹持續發生的主要原因，大多都是因為貨幣供應量突然增加的緣故。當政府增加了本國的貨幣供給量，貨幣價值就會下降。

1920 年初，德國物價在一個月內漲了 3 倍，當時的貨幣供給量也是每個月增加至 3 倍之多。而美國在 1970 年代發生的高通貨膨脹，也是因為貨幣供給量的急速增加而導致的。

1974 年，日本的消費者物價指數比前一年上升了 23%，被稱為「狂亂物價」。其主要原因是，當時的固定匯率制（史密森協定）[註3]，固定兩國匯率在 1 美元＝ 308 日圓 ±2.25%的範圍內。

由於通貨膨脹導致美元貶值（美元變便宜），而為了防止美元持續下跌，日本中央銀行（日本銀行）採取了賣日幣買美元的策略。

這個介入匯兌行動的結果，造成本國的日幣供給量（Money Supply）呈現了「無法控管般地激烈增加」（岩田規久男《國際金融入門》岩坡書店）。

歷史上的惡性通貨膨脹案例

	德國	日本	辛巴威共和國
時間	1923年左右	1946年左右	2000年代
發行貨幣	10兆馬克		100兆辛巴威元
通貨膨脹的狀況	麵包250馬克→3990億馬克	黑市烏龍麵18錢→10日圓 物價漲幅300%	麵包2000億辛巴威元、物價漲幅650萬倍
背景	一戰後為償還國債，增印貨幣。魯爾工業區被占領。	二戰結束時為給付國債與軍人的撫卹金。戰後大量人民回國，造成國家財富縮減1/4、製造業2成與船舶業8成利潤。	土地被強制徵收乾旱130萬倍的貨幣發行量

日本政府　➡　封鎖存款（1946年2月16日）
禁止舊日幣的流通（同年3月3日）

銀行存款的領出限制（大學畢業起薪540日圓的時代，一家之戶主一個月可以領出新日幣300日圓）。無法領出存款，新舊資產、國債、過去存在郵局的儲蓄等，同等廢紙。

停滯性通貨膨脹

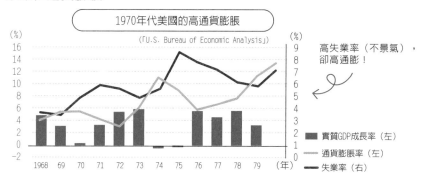

1970年代美國的高通貨膨脹

（「U.S. Bureau of Economic Analysis」）

高失業率（不景氣），卻高通膨！

■ 實質GDP成長率（左）
■ 通貨膨脹率（左）
■ 失業率（右）

介入匯兌與通貨膨脹

發行銀行券與消費者物價的演變（以1972年1月為100）

（日本銀行「金融經濟統計月報」）

發行之銀行券
消費者物價

在1973年2月1～9日這段期間，日本銀行介入購買了11～12億美元（為了維持固定匯兌），將日幣大量釋出市場。當時，政府釋出的日幣在東京市場占了9成之多。之後，日本在1973年2月14日變更為浮動匯率制。

通貨膨脹與失業率的短期取捨

曼昆指出顯示通貨膨脹率與失業率相關的「菲利普斯曲線」，在短期狀況下，以理論來說是成立的。

增加貨幣供給量，長期下來的影響是物價水準的提升，但經濟學者對於短期的貨幣供給對經濟的影響則持有不同的意見。多數經濟學者認為貨幣的增加，短期內將會有以下的效果：

(1) 增加貨幣量，可以期待刺激支出，有效刺激消費者對財（商品）、服務的需求量的提升。

(2) 由於需求增加，企業方會逐漸提高商品價格，同時也會增加僱用人數，以提升財（商品）、服務的生產量。

(3) 僱用需求的提升，同時也能減少失業。

對這些想法抱持懷疑的學者大有人在，但是現今大多數學者最能接受的是「**1～2年間（短期）的通貨膨脹與失業率之間，存在著取捨（Trade Off）關係**」的想法。

多數經濟政策的目標是穩定成長，其條件是讓通貨膨脹率與失業率呈反比變化。政府的對策是藉由變更支出、稅金，使貨幣供給量產生變化，達到影響整體環境對財（商品）、服務的需求水準。

由於雷曼兄弟事件所造成的影響，美國的經濟成長率從 -0.29%（2008年）→ -2.78（2009年）；而失業率則由5.8%（2008年）快速成長至→ 9.63%（2010年）。美國政府為了刺激景氣，祭出減稅與增加政府支出的組合策略。

同時，相當於美國中央銀行的美國聯邦儲備委員會（FRB），採取了增加貨幣量的政策（量化寬鬆，QE）[註4]，目的在於減少失業率。有些人擔憂這些政策長期下來會造成高通貨膨脹，然而結果是美國成功地降低了國內的失業率（5.5%，2015年6月5日）。

菲利普斯曲線成立的證據？

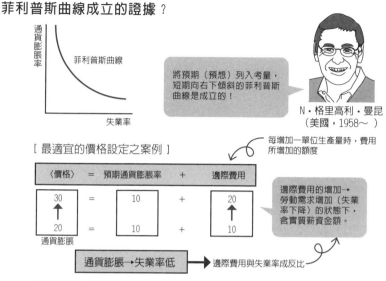

通貨膨脹率

菲利普斯曲線

失業率

將預期（預想）列入考量，短期向下傾斜的菲利普斯曲線是成立的！

N・格里高利・曼昆
（美國，1958～ ）

[最適宜的價格設定之案例]

每增加一單位生產量時，費用所增加的額度

〈價格〉　＝　預期通貨膨脹率　＋　邊際費用

| 30 | ＝ | 10 | ＋ | 20 |
| 20 | ＝ | 10 | ＋ | 10 |

通貨膨脹

邊際費用的增加→勞動需求增加（失業率下降）的狀態下，含實質薪資金額。

通貨膨脹→失業率低　──→　邊際費用與失業率成反比

量化寬鬆與通貨膨脹率、失業率

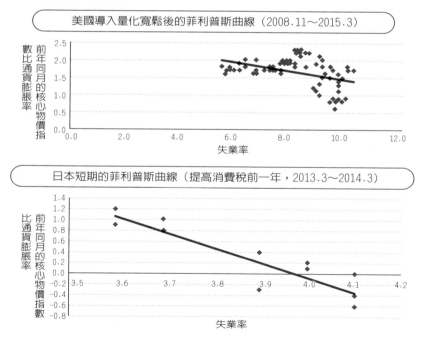

美國導入量化寬鬆後的菲利普斯曲線（2008.11～2015.3）

數比通貨膨脹率
前年同月的核心物價指

失業率

日本短期的菲利普斯曲線（提高消費稅前一年，2013.3～2014.3）

比通貨膨脹率
前年同月的核心物價指數

失業率

要如何利用像是美國的量化寬鬆政策（QE1 ～ 3），與日本的安倍經濟學等極具潛力的政治手段，這是經濟學上常常備受爭議的議題。

Column 1

•

相關關係，不是因果關係

如同在第 17 頁所提到，學歷與薪資、所得這兩者之間有相關關係。再者，家庭環境（所得或雙親的學歷）與孩子的學歷也存在著關聯。以下為日本御茶水女子大學，針對影響學歷的主要因素的調查結果：

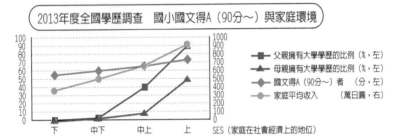

2013年度全國學歷調查　國小國文得A（90分～）與家庭環境

- ■ 父親擁有大學學歷的比例（%，左）
- ▲ 母親擁有大學學歷的比例（%，左）
- ◆ 國文得A（90分～）者　（分，左）
- ● 家庭平均收入　　　　（萬日圓，右）

下　中下　中上　上　SES（家庭在社會經濟上的地位）

試圖讓學童僅仰賴自己的學習時間，來克服家庭背景造成的不利因素，實際上是極其困難的。

低 SES（家庭在社會經濟上的地位低）的學童，念書超過 3 小時所獲得的學力平均值比高 SES 且完全不念書的學童還要低。高 SES 的學童，其雙親本身擁有高學歷，會向孩童推薦報章雜誌或書本，也會互相討論讀後感或未來發展，而且擁有較高的社會意識，也會帶小孩一起去參觀文化設施。並非「如此（原因）→這般（結果）」這樣的因果關係，因此並不是「增加讀書時間→縮小差距」如此簡單的問題。

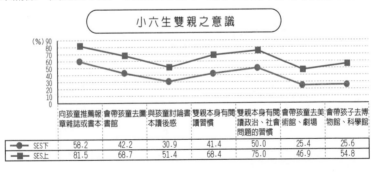

小六生雙親之意識

	向孩童推薦報章雜誌或書本	會帶孩童去圖書館	與孩童討論書本讀後感	雙親本身有閱讀習慣	雙親本身有閱讀政治、社會問題的習慣	會帶孩童去美術館、劇場	會帶孩子去博物館、科學館
● SES下	58.2	42.2	30.9	41.4	50.0	25.4	25.6
■ SES上	81.5	68.7	51.4	68.4	75.0	46.9	54.8

經濟模型與
比較優勢

分析複雜經濟的簡化經濟模型

經濟模型(Economic Model)是簡化現實狀況，以便分析現實中複雜的經濟情形，並幫助我們理解問題所在。

物理學者想要測量加速度的時候，會忽視墜落物體與空氣之間的摩擦力來簡化問題，在經濟學的領域也是一樣。

比如說，我們想要瞭解全球市場、國際貿易時，會設定成只有兩個各自生產兩種財（商品）的國家的世界。現實世界充斥著各式各樣的國家與各式各樣的財（商品）、服務，但是假設以兩國兩財為研究主體，較能夠接近問題的本質（排除核心本質則理論無法成立）。這就如同比例1：1的地圖太大無法使用，因此實務上會另外製作1：20000的道路地圖，以便人們使用。

右頁下圖為**經濟循環流程圖**，就是將主體**簡化**為家計（單一的個人）與企業兩種。

企業方生產財（商品）、服務。在財（商品）、服務市場中，企業為賣方，家計為買方。相反地，在勞動市場中家計方為賣方，而企業方則為買方。內側的圈圈則顯示為對應上述內容的金錢流向；財（商品）、服務與金錢的流向相反。

這個經濟循環流程圖，一方面簡化經濟的動向，另一方面同時整理並顯示，家計與企業間所有**經濟上的交易**。而處理上述內容的市場就是(1)財（商品）及服務市場、(2)勞動市場，和(3)貨幣/債券（投資與借款）市場。由右頁圖可以看出，這些**交易行為常常同時發生，並互相關聯**。

比如說發生通貨緊縮，並非只因為「需求與供給關係」而導致財（商品）、服務的價格降低，同時也伴隨著勞動市場的萎縮（薪資減少）、貨幣/債券市場的流量下滑的情況（互相關聯）。

為了理解國際市場、國際貿易的經濟模型

現實世界

約 200 個國家、地區 ×70 億的消費者 × 無法估算的財（商品）、服務的種類

經濟模型　2 國 2 財模型

	毛衣	紅酒
A 國 小國	2 件	3 公升
B 國 大國	4 件	6 公升

限定 2 個國家的比較，財（商品）也縮減至 2 種。

短期與長期的模型

	假設	實證
短期	物價不變	雜誌的定價變動約 1 年一次
長期	物價變動	薄型電視或智慧型手機的通信費

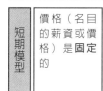

經濟循環流程圖

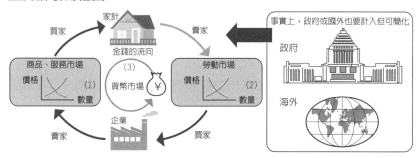

	財（商品）、服務市場	勞動市場	通貨緊縮	通貨膨脹
家計	買家 — 需求	賣家 — 供給	工資減少　僱用降低	工資上漲
企業	賣家 — 供給	買家 — 需求	財（商品）、服務價格下降 生產減少	財（商品）、服務價格上升
貨幣 / 債券市場			↑在通貨緊縮狀況下，兩現象皆會發生	

若是使用所有資源的話？

生產可能性邊界(PPF)是濃縮了經濟學的基本原理：「取捨、稀少性、效率、機會成本、經濟成長」的重要模型。

現實中的財（商品）、服務有多種變化，但是我們將其簡化，並設定一個國家只生產兩種財（商品）、服務。生產可能性邊界註5即是顯示這個國家的所有生產要素（勞動力、工廠和輸送機材、機械的生產技術等等），並加以組合搭配的模型。右頁圖中顯示了船、鐵路的運送＝服務業，與小客車生產＝製造業的**生產可能性邊界**。

若將全部的資金，以極端的方式挪用至其中一個產業，那麼則變成「運送 3000 次、車 0 台」⇔「運送 0 次、車 1000 台」這兩種生產的可能性。但若是想要增加其中一種生產量，就不得不減少另一種的生產量（Trade Off 取捨）。而實際狀況是線上的 A 點，運送 2200 次、車子 600 台。因為資源是有限的，不可能達到 C 點這個生產點；D 點則沒有完全發揮生產要素資源的最大可能限度，是非常沒有效率的，而 A 點才是實際上最有效率的狀態。

生產可能性邊界呈圓弧（自原點開始的凸形），顯示的是生產效率（第 28 頁）。人都有較為擅長與較不擅長的事情，一個國家的所有勞動者中，有較擅長面帶笑容與人接觸、服務他人的人，也有不善言辭卻比較熟悉機械操作的人。三角形的長邊生產效率較高（擅長的領域），而不擅長領域則為短邊，這個三角形顯示的是勞動者的生產效率，將所有三角形相加相疊則成為曲線。

F 點代表的是：當一個國家將大部分的資源使用在運輸業，並且已投入適合服務業的勞動者或設備，和最優秀並熟悉汽車生產及操作機械設備的人員狀態。

生產可能性邊界

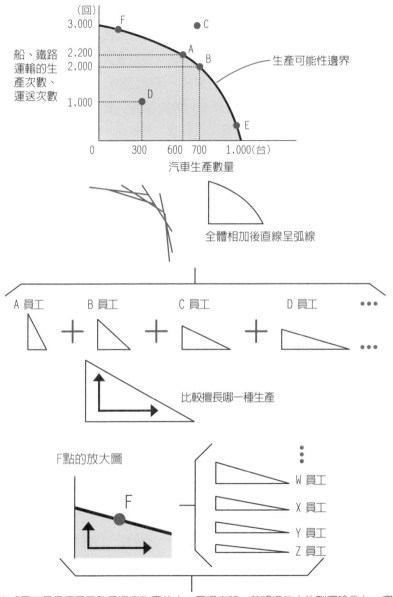

W~Z員工是最優秀又熟悉汽車生產的人。反過來說，若將這些人放到運輸業上，運輸業的生產量幾乎不會增加。

於是，在 F 點狀況下提供一次的運輸服務，勢必造成汽車生產數量減少許多，意味著運輸服務一次的**機會成本**非常高。

E 點的狀況是，連較擅長運輸業的勞動者也投入汽車生產業務，若是將這些勞動者轉為投入運輸業的話，運輸次數就會大幅增加。

接著要說明的是關於生產效率的提升。運輸服務技術的日新月異（新幹線→磁浮列車），假設 1 小時就能到達的運輸次數已經增加，那麼即使這個國家的汽車生產可能數量（汽車的生產效率、技術水準）沒有變化，但生產可能性邊界仍然會擴大。

某企業生產效率的上升績效，所影響的範圍並不僅限於企業本身所屬的業界中，社會全體的生產甚至都會因此受到影響而增加。右頁中間圖顯示，由於自 A 點移至 G 點，運送次數與汽車生產數量同時增加。這即是 **GDP 成長**，也就是經濟成長。

生產效率的提升，其背後同時伴隨著個人生產能力的提高，產量的增加，以及國民所得的提高。因此，生產效率高的國家＝所得收入高的國家＝ GDP 高的國家之原因，即同時代表是生產可能性邊界大之國家。

提高生產效率的方法大致可分為人類技術的成長，以及機械上的技術革新。前者需要教育（學校、自我學習、師徒技術傳承等等）。

日本在明治時期，之所以能夠富國強兵＝「追上並超越歐美」，其中一大主因就是由於日本的人工技術非常高。

江戶時代，自私塾開始，不論都市還是農村皆對「閱讀書寫算盤」有極大的熱忱，當時的識字率堪稱世界第一的水準。與此同時，導入了歐美更為先進的技術，因此生產效率更上一層樓。日本在短時間內的國力上升，就是上述原因累積下來的成果。

因此，生產可能性邊界為最單純的模型，同時也是能顯現經濟學思考中最重要的部分，是最重要的模型。

取捨與機會成本

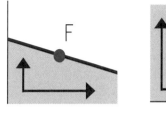 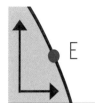

機會成本

某物品的機會成本，即為得到這樣東西而放棄的他物的價值。

顏色箭頭

為了發展運輸業而放棄的汽車生產數量，F點表示機會成本高（浪費）的狀況，E點表示機會成本低（效率好）的狀態。

生產可能曲線的轉變

> 運輸次數的增加會提高生產效率

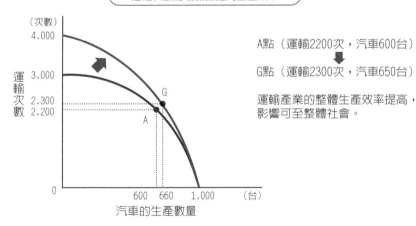

A點（運輸2200次，汽車600台）

⬇

G點（運輸2300次，汽車650台）

運輸產業的整體生產效率提高，影響可至整體社會。

> 開發中國家與已開發國家的生產可能性邊界

 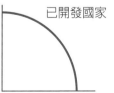

開發中與已開發的國家，即使同時投入相同的勞動人數與勞動時數，但可以生產的財（商品）、服務的量，也是有壓倒性的差距。

預算線
用來表示可選擇的範圍

我們無時無刻都在思考如何提高消費的質與量，不過由於支出會受到所得收入的限制，而用來分析這個條件的工具就是預算線。

經濟學 10 大原理之一的「取捨」（要選這個？還是那個？）之根本原因，在於我們若是增加某樣財（商品）、服務的購買量，就會減少其他的財（商品）、服務的購買量。這是因為資源有限，例如可能有所得收入每個月 20 萬日圓的限制。

此外，若是增加消費，就必須放棄等額的儲蓄。

消費者行為的理論，就是分析消費者會如何決定、選擇，並且對於環境的變化又是如何反應的。

請看右頁，可以明顯看到下方兩張圖表中預算線所呈現的三角形，**三角形越大，代表實質的所得增加，也就是可購買的商品選項增加**。不論是因為收入所得的增加，或是商品因某些原因降價，都會擴大家計可以消費的範圍，三角形因此變大。

應用這個預算線，不僅僅可以表現出預算，更能夠顯示出許多不同的取捨。比如說，要如何使用有限的時間，亦或是有限的人員要如何分配工作？工廠的生產線要使用在哪一個產品製作上……等等。

各式各樣的取捨

	X 軸	Y 軸
財（商品）、服務	服裝	食品
時間	念書的時間	看電視的時間
人員	執行 A 企劃	執行 B 企劃
錢或閒暇時間	打工	休閒時間

預算線的移動與變化

1萬日圓預算可以消費的範圍

消費者是如何購買財（商品、服務）呢？首先，設想最單純的狀況。

①設定所得收入為1萬日圓
②服裝單價為1000日圓
③食品單價為200日圓

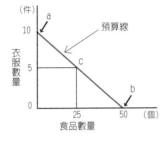

圖中的ab線為1萬日圓的預算線。在a點時，表示購買服裝10件（X1000日圓），而食品0個；b點時，則表示購買服裝0件，食品50個（X200日圓）。ab線是1萬日圓所得可以購買的最大組合，因此無法購買超過ab線外的數量(c點衣服5件<X1000日圓>、食品25個<X200日圓>即在範圍內）。

（1）當所得增加時

假設所得增加，由1萬日圓成長到2萬日圓，即代表選擇也增加了。若全部用來買衣服，則可以買20件，若全部購買食品則可以買100個。
預算線即由ab線移動到AB線，三角形變大。

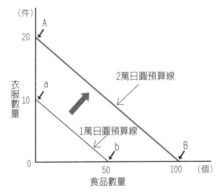

（2）當商品降價時

當商品降價時，假設至目前為止1個200日圓的食品，降價到100日圓。
預算線則會由ab線轉移到aB線，商品降價就代表著可以購買的選擇變多了，三角形也會變大。

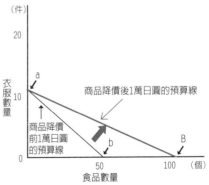

三角形越是變大＝實質所得增加，商品的選擇變多。

無異曲線
能夠知道消費者的喜好

消費者的選擇不僅僅受到預算影響，也與個人喜好有關。無異曲線（indifference curve），就是用來分析消費者的喜好。

消費者在可能消費的範圍內（例如前一節的收入 1 萬日圓），會選擇如何消費呢？結果會隨著個人的**喜好**差異而有所不同。

在前述購買衣服和食物的選擇中，假如詢問對象是男學生的話，那麼答案很可能是「比起衣服，食物更重要」，因此大量選購食品的機率就比較大。

另外，若是對象為對時尚商品興趣較高的女性上班族的話，那麼也許她會這麼認為：「控制餐費，這樣就可以多買些衣服了。」

消費者如何選擇？會依據個人喜好不同而有所差異。而顯示關於這個不同喜好的數據，稱為「**消費的無異曲線**」。

這個消費的無異曲線，面向原點（數量 0 的點）呈凸形，也就是山峰狀，並且向右下傾斜。　　　　　　　　　　　　　※ 無異曲線也有可能呈現 L 型

食品與服裝，不論哪樣都是必要的消費性商品，這些消費的**滿足度（效用）**所連接的線，就是消費的無異曲線。

因此，增加衣服的購買量，則食品能夠購買的數量就不得不減少。**無異曲線會呈向右下傾斜。**

消費的無異曲線即是由一條條無限多的線集結而成，是向著原點呈凸形的曲線。

由線段的傾斜狀況，可以看出滿足度的不同。這個喜好與在第 42 頁所說明的機會成本概念相同。

購買大福，即意味著必須放棄購買多少衣服。此外，滿足度是會一點一點改變的。

消費的無異曲線

向右下傾斜

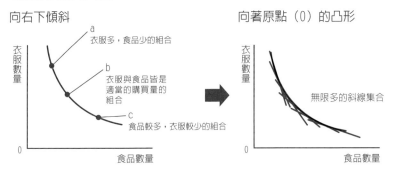

a
衣服多，食品少的組合

b
衣服與食品皆是
適當的購買量的
組合

c
食品較多，衣服較少的組合

衣服數量

0

食品數量

向著原點（0）的凸形

無限多的斜線集合

衣服數量

0

食品數量

這個曲線等於是將某個消費者的滿足度（效用），組合連結起來而形成的。對消費者來說，a、b、c三點，不論哪一項的滿足度皆相同。而在a點、b點、c點之外，也是有可能產生其他無數的組合。消費的無異曲線，即是表示所有組合的曲線。

滿足度（效用）會變動

對於喜歡大福的人來說，一開始吃的第1個滿足度最高（0個增加到1個）。但是，吃到第30個（第29個增加到30個）時，每再吃1個大福，相較第1個的滿足度會降低。

滿足度的差異，可以用線段A以及B表示。線段A代表著「即使少買很多衣服，也要吃1個大福」的狀況，而線段B則代表了吃到第30個大福時，覺得「已經夠了」的狀態。

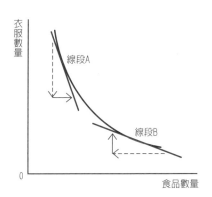

衣服數量

線段A

線段B

0

食品數量

越是靠近右上方的線，越滿足

離原點越遠（圖表中右上方），代表滿足度越大。因為可以購買較多的商品。

U2的滿足度比U1高，而U3的滿足度比U2高。

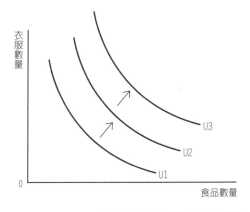

衣服數量

U3

U2

U1

0

食品數量

預算線與無異曲線的組合

消費者如何選擇對自己最好的消費方式呢？讓我們組合預算線和顯示滿足度的無異曲線來看看吧！

消費的無異曲線的位置越靠近右上方，代表滿足度越高。

滿足度如右圖所示，呈現 U1 < U2 < U3。

越是增加購買量，能夠獲得的滿足度也就越高。在 A 點時的狀態，消費者並沒有完全花光預算；反之，在 B 點狀態下，由於已經超過了預算線，所以實際上並無法購買商品。

最佳的選擇點，是在 ab 預算線上的任何一點。其中，C、D 點的滿足度，與 A 點可以說是相同的。而 C 點狀態下，可以藉由減少衣服、增加食品的購買，以提高滿足度。如此繼續調整，在右上圖表中，E 點才是滿足度最高的點。ab 預算線與消費的無異曲線 U2 的交點 E 點，是為「消費的最佳選擇點」。

再來看看所得收入增加 2 倍的狀況（右頁中間圖表），U1 的無異曲線會轉換到 U2 的無異曲線，C' 點成為消費的最適選擇點。消費者可以購買更多的衣服與食品，滿足度因此上升。

接著，來看看衣服或食品降價時的情況。

在右頁下方圖表中，U1 的無異曲線會轉換到 U2 的無異曲線，C' 點成為消費的最佳選擇點。消費者可以購買更多的食品，可以看出滿足度也因此而變高。

如此一來，不論所得增加或是商品價格下跌，圖表中的三角形都會變大，實質所得增加，商品的購入選項也會增加。同時，消費者的效用也擴大。這個三角形也就是表示「**餅的擴大＝效率**」的圖表。

預算線與無異曲線的相關關係

(1) 所得1萬日圓的使用方法

家計所得假設只有1萬日圓,而圖中的ab線也就是1萬日圓的預算線。

在衣服單價1000日圓、食品200日圓的前提下。E點為衣服5件x1000=5000日圓,食品25個x200=5000日圓,總計為1萬日圓的消費。

C、D兩點則偏向衣服多一點或食品多一點的購買方式。

A點的狀況則是沒有花光預算,而B點則是超出預算了。

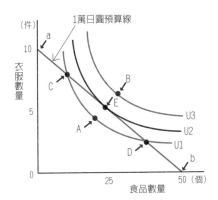

(2) 所得增加2倍時

假設打工的所得,自1萬日圓增加到2萬日圓。家計(消費者)的預算線,自ab線轉變到AB線。

所得增加,即代表我們可以購買的商品選項變多了。

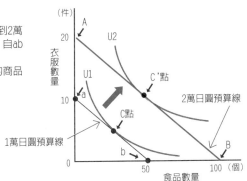

(3) 衣服(食品)降價時

假設食品降價,原本要200日圓的食品,現在只要100日圓。即使1萬日圓的預算沒有改變,但是可以購買的食品數量增加,因此預算線由ab變成aB。

若是商品本身降價,則商品可購買的選擇也就變多了。

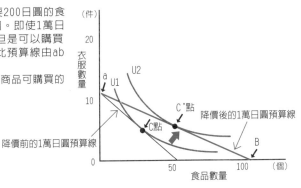

比較優勢 1

「專業化與交換」，比自給自足更能讓人富裕！

比較優勢論、比較成本論，可以藉由「取捨、稀少性、效率、機會成本、經濟成長」說明，這個論點可以說是經濟學概念的原點。

假設有一家小規模的一般家庭農場，與一家機械化經營的大規模酪農場，兩者一天皆工作 8 小時。一般家庭農場主要產品為稻米，但因為需要牛肉作為配菜，因此特別另外再飼養牛。

酪農場主要生產牛肉，但稻米為必要主食，所以也同時栽種稻米。大規模酪農場由於經驗老道，而且機械設備完整，生產效率傑出。

右頁上圖顯示一般家庭農場與酪農場，所生產的牛肉量與稻米量。一般家庭農場若是將 8 小時充分利用在稻米栽種上，可以有 32 公斤的產量；若完全用在牛肉生產上，則可以有 8 公斤的產量。

換句話說，8 小時的勞動時間可以有「稻米 32 公斤產量⇔牛肉 8 公斤產量」，一般家庭農場可以在這範圍內選擇如何分配、運用時間。

這個圖表，與 10 大原則之一的「取捨」相同。選擇增加稻米的生產量，就必須減少牛肉的產量。另一方面以預算線來看，則是一天勞動時間有 8 小時的限制。

一般家庭農場藉由調整勞動時間，可以選擇右頁圖表中，線上其中一點的生產量，這代表**農場可以生產的界線＝生產可能性邊界**。

假設農場從無數個組合中，選擇稻米 4 小時、牛肉 4 小時，則可以生產 16 公斤的米與 4 公斤的牛肉。

同樣地，專業化酪農場在牛肉 24 公斤產量⇔米 48 公斤產量中，可以自由分配勞動時間。現在各分配 4 小時，則可以生產 12 公斤的牛肉與 24 公斤的米。

小規模家庭農場與大規模酪農場的生產力

	1公斤產量所需要的時間		8小時可以生產的量	
	牛肉	米	牛肉	米
小規模家庭農場	60分鐘	15分鐘	8公斤	32公斤
大規模酪農場	20分鐘	10分鐘	24公斤	48公斤

不論生產什麼，大規模酪農場的生產效率都較高。

專心生產一個品項時

小規模家庭農場

			牛肉 生產量	稻米 生產量
專心 育牛	8小時		8公斤	
專心 種稻		8小時		32公斤

大規模酪農場

			牛肉 生產量	稻米 生產量
專心 育牛	8小時		24公斤	
專心 種稻		8小時		48公斤

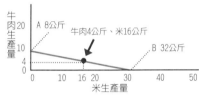

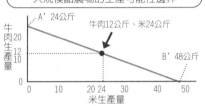

小規模家庭農場與大規模酪農場皆自給自足，因此這個生產可能性邊界，同時也等於消費邊界。生產量≧消費量，並且消費量不會超過生產量。

　　數年間，小規模家庭農場與大規模酪農場皆自給自足。直到某日，小規模家庭農場有一個想法，並提案給酪農場。

小農場：「酪農場，我想到一個很好的提案。你們可以減少米的生產量，增加牛肉的生產量。並把一些牛肉分給我，相對我將會提供米給你們，到時候你們就可以增加1公斤牛肉量，並且有27公斤的米。比起現在，每天可以吃到更多的牛丼喔！」

酪農場：「什麼？會比現在擁有更多的食物嗎？我們每天的工作時間都還是8小時不變噢！你說這樣還能吃得更多，叫我如何相信？又像你們這樣小規模的農場交易，對我們這些大規模酪農場來說，是不用考慮的。即使提供牛肉給你們，我們也拿不到24公斤的米不是嗎！」

小農場：「不是這樣的！若酪農場你們放棄 2 小時種稻的時間，轉而生產牛肉 6 小時，那麼可以生產 18 公斤的牛肉，其中給我們 5 公斤，而我們可以提供你們 15 公斤的米。那麼，你們不就比現在多 1 公斤的牛肉，還有 27 公斤的米，可以吃到比現在更多的牛丼噢。拜託你們，就明天一天試試看吧！」

酪農場：「好吧，那就試明天一天而已喔！」

翌日……

酪農場：「如你所說的，可以吃的牛丼量增加了！」

小農場：「是吧！那麼我們明天開始，每天都這樣做吧？」

酪農場：「當然！但是，為什麼可以增加產量，讓我們都得利了呢？」

小農場：「因為我們各自做比較擅長的部分呀！酪農場生產較為擅長的牛肉，減少米的生產量。我們則將米生產專業化，放棄牛肉生產。將成果與你們交換，即使不需要增加勞動時間，能夠食用的量也可以增加。」

酪農場：「真是不可思議！比起生產量，消費量更多嗎？」

小農場：「是呀，這被稱為比較生產喔！」

　　這就是比起自給自足，將生產專業化並交換產品，才是對雙方皆有好處的**比較優勢論** (Theory of Comparative Advantage) 與比較成本論 (Theory of Comparative Cost)。也許很難讓人相信，但是**交換行為必定會達成更豐富的消費**。無異曲線也比交換前，轉換到圖表中較為右上的位置。

（公斤）

	自給自足	專業化		交換	交換後	利益
小規模農場	牛肉					
	4	0		5	5	+1
	米					
	16	32	17 15		17	+1
大規模酪農場	牛肉					
	12	18	13 5		13	+1
	米					
	24	12		15+12	27	+3

　　上方表格顯示，自給自足時，小規模農場生產 4 公斤的牛肉與 16 公斤的米，而酪農場生產 12 公斤的牛肉與 24 公斤的米。若各自都將生產項目專業化，小規模農場可以生產 32 公斤的米，酪農場可以生產 18 公斤的牛肉與 12 公斤的米。其中小規模農場用 15 公斤的米，和酪農場交換 5 公斤的牛肉，於是比起自給自足，**雙方的利益都增加了**。

將各自擅長的生產專業化，並交換產物時

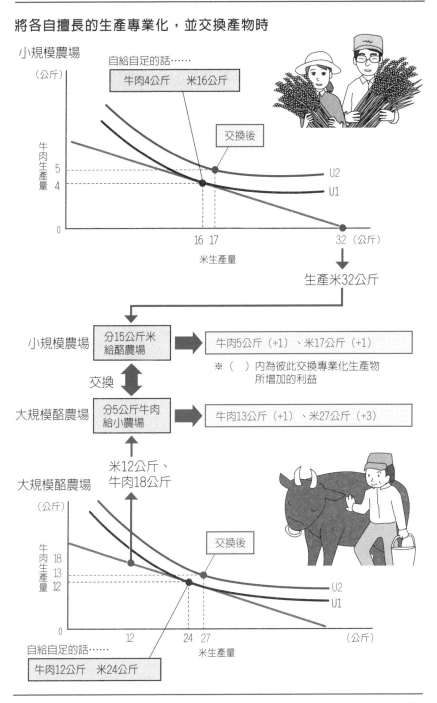

小規模農場

自給自足的話……

牛肉4公斤　米16公斤

（公斤）

牛肉生產量

交換後

5

4

U2

U1

0

16 17

32（公斤）

米生產量

生產米32公斤

小規模農場　分15公斤米給酪農場　➡　牛肉5公斤（+1）、米17公斤（+1）

※（　）內為彼此交換專業化生產物所增加的利益

交換

大規模酪農場　分5公斤牛肉給小農場　➡　牛肉13公斤（+1）、米27公斤（+3）

米12公斤、牛肉18公斤

大規模酪農場

（公斤）

牛肉生產量

18

13

12

交換後

U2

U1

0

12　24 27

（公斤）

米生產量

自給自足的話……

牛肉12公斤　米24公斤

任何人都容易混淆的絕對優勢與比較優勢？

保羅·克魯曼（Paul Krugman）說過：「不論是學生、學者……或是政治家，都容易搞錯絕對優勢與比較優勢。」

比較個人、企業，甚至是國家的生產效率時，會用到**絕對優勢**這個詞彙。**絕對優勢，指的是當兩者投入相同資源量，其中一方卻可以生產較多的量**，即是指效率好的人、公司、國家，像是成人的生產效率比小孩高、經驗豐富的人＞新進職員、大企業＞小企業、已開發國家＞開發中國家。換句話說，**已開發國家的生產效率高，並且為絕對優勢國；開發中國家的生產效率較低，是為絕對劣勢國**。完備的電力、道路、天然氣和自來水管線、法律，和生產效率高＝收入所得高，因此已開發國家的所得較高，開發中國家的所得則較低（參考第28頁）。

第50頁中所提到的酪農場，由於農場的機械化發展，就牛肉與米的生產量來說，有絕對優勢。不論生產哪一項產品所花費的時間，皆比小規模農場來得快。

小規模農場與大規模酪農場的圖表，等於開發中國家與已開發國家的圖表。常聽到「全球發展漸趨國際化，開發中國家的便宜工業製品漸漸流入已開發國家，已開發國家不論產品價格或薪資，漸趨降到開發中國家的程度」這樣的論調。但事實上，卻是開發中國家漸趨追上已開發國家，而相反狀況是不可能發生的。日本的生產效率（＝所得收入水準）不會被開發中國家拉低。要發生那樣的事情，必須要每年每一個日本人都怠惰放棄生產，可知這實在是荒謬至極的言論。

而日本經濟成長的關鍵，就在於日本的高生產效率（參考第28頁）。

比較優勢，則是指人、公司、國家之間，生產效率不同的地方，如同人有擅長與不擅長的事一樣，國家也有擅長與不擅長的事情。

小規模農場與大規模酪農場的生產力

	1公斤產量所需要的時間		8小時可以生產的量	
	牛肉	米	牛肉	米
小規模農場	60 分鐘	15 分鐘	8 公斤	32 公斤
大規模酪農場	20 分鐘	10 分鐘	24 公斤	48 公斤

不論生產什麼，大規模酪農場的生產效率較高。

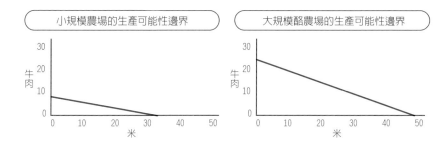

開發中國家與已開發國家的生產可能性邊界

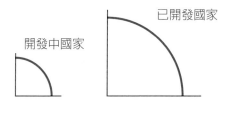

上方為小規模農場與大規模酪農場的生產可能性邊界，和開發中國家與已開發國家的生產可能性邊界圖有著相同的結構。

各國生產效率的演變

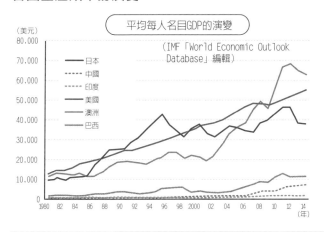

開發中國家（中國、印度、巴西）的生產效率提升的同時，已開發國家的生產效率也在提升。因此，日本的薪資被拉低至開發中國家水準一說，是不可能發生的。

比較優勢 3

從放棄價值來思考的比較優勢與機會成本

比較優勢中包含機會成本的理論——「為了得到某樣東西而放棄的價值（費用或時間）」。

小規模農場與大規模酪農場一天皆工作 8 小時，選擇生產牛肉，就必須減少種植稻米的時間。為了獲得牛肉或米，就必須放棄另外一種品項的生產。

酪農場每生產 1 公斤的牛肉，就必須要放棄 2 公斤的米。因此，1 公斤牛肉的機會成本（為了得到牛肉的費用）等於 2 公斤的米。同理，對小規模農場來說生產 1 公斤的牛肉，等於必須放棄生產 4 公斤的米。**為了 1 公斤的牛肉，不得不放棄的米生產量即為機會成本。取捨，必定伴隨著機會成本。**

相反地，對於小規模農場來說，1 公斤牛肉的費用，可以生產 4 公斤的米；而酪農場 1 公斤牛肉的費用只能生產 2 公斤的米，代表小規模農場在米的生產上，擁有比較優勢。

因此，在生產可能性邊界圖中，三角形的斜邊代表**其中一方有著絕對優勢（三角形本身的面積大＝生產效率高），但並不同時擁有兩種商品的比較優勢。**

將這個道理放到國家上來說也是一樣，已開發國家是不可能同時擁有兩種商品的比較優勢，即使是兩國兩財的小型三角形，其斜邊也是不同的，更何況是 200 個國家、地區 x 數億種的財（商品）、服務，三角形斜邊更是不可能相同。

也就是說，不論是已開發國家或開發中國家，都必定各自擁有自己國家所擅長與不擅長的領域。如此一來，**貿易（交易）＝交換的利益，不僅僅存在於絕對劣勢（開發中國家）與絕對優勢（已開發國家）間。不論是哪個國家、地區、人之間，皆必定存在著交換的利益。**

機會成本與生產效率

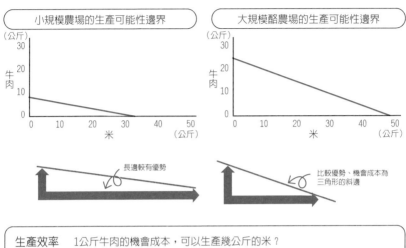

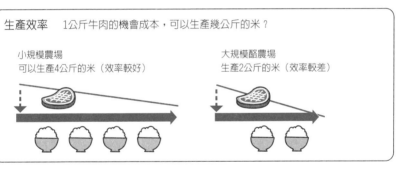

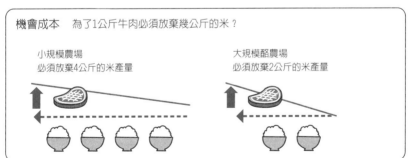

	小規模農場		大規模酪農場	
1公斤牛肉的 機會成本	🍚🍚🍚🍚	米 4 公斤	🍚🍚	米 2 公斤
1公斤米的 機會成本	🥩	肉 1/4 公斤	🥩	肉 1/2 公斤

比較優勢與交換的利益

亞當・史密斯:「誰都沒有看過,兩隻狗公正且深思熟慮地以一根骨頭交換其他骨頭。」(《國富論》)

透過專業化與交換所獲得的利益,是以比較優勢作為基礎的。個人(企業、國家之間)將本身擁有比較優勢的財(商品)、服務專業化,而整體可以分配到的資源就會增加,所有人的生活水準也跟著提高。

而且,以成本來看也是有利的。

在前一節有提到,小規模農場以 15 公斤的米換取酪農場的 5 公斤牛肉(3 公斤米換 1 公斤牛肉)。由於小規模農場生產 1 公斤牛肉的機會成本為 4 公斤的米,但透過和酪農場的交換行為,只需要 3 公斤的米即可獲得 1 公斤的牛肉,對小規模農場來說較為有利。

對酪農場來說也是一樣,酪農場以 5 公斤的牛肉換取 15 公斤的米(1 公斤牛肉換 3 公斤的米)。若是堅持自給自足,那麼酪農場生產 2 公斤米的機會成本為 1 公斤牛肉。原本放棄 1 公斤牛肉的產量只能生產出 2 公斤的米,但是藉由和小規模農場的交換行為,反而可以獲得 3 公斤的米,比自己生產還要有利。

交易的價格或利益分配,必須落在雙方的機會成本之間。

小規模農場與酪農場進行「1 公斤牛肉與 3 公斤的米」的交換行為,這個價值是介於小規模農場的機會成本「1 公斤牛肉:4 公斤的米」和酪農場的機會成本「1 公斤牛肉:2 公斤的米」中間。交易價值勢必落在 2〜4 公斤米之間。超出這個範圍內的狀況是不成立的。

若是牛肉 1 公斤的價格低於 2 公斤米的價格的話,那麼酪農場就不會賣出牛肉,因為自給自足還比較有利。同理,若是牛肉 1 公斤的價格高於 4 公斤米的話,小規模農場也不會購買。價格若是不落在交易雙方的機會成本之間,則交易不會成立,雙方皆無法獲得利益。

產品專業化並執行交換行為後，所獲得的利益

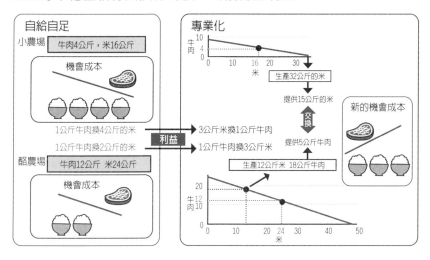

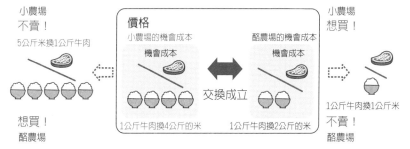

貿易不是國與國間的「勝負」競爭，這樣的妄想是錯誤的，而且容易被誤用。

保羅・克魯曼
(Paul Krugman)
(美國，1953～)

即使無法否認比較優勢是經濟的原則這個事實，但卻也不是所有學者都完全認同。這是我所知道最典型的例子。

保羅・薩繆爾森
(Paul Samuelson)
(美國，1915～2009)

生產可能性邊界的樣貌

保羅‧克魯曼:「貿易不是競爭,而是彼此透過交換取得更大的利益。我們必須要告知(學生),貿易的目的不在出口,而在進口。」

在第 40 頁說明過生產可能性邊界為弧線,而本章節介紹的是直線。

當生產可能性邊界為弧線時,兩種商品的生產效率相異。換言之,一國的勞動者中有汽車製作經驗老道的人(對運輸業毫無經驗),與較為熟悉運輸業(對製造汽車毫無經驗)的人。考慮這些人的生產效率,所有勞力的總和即為呈弧狀的生產可能性邊界。**由於國內每個人的傾斜角度(生產效率與機會成本)不同,因此所有斜線匯集起來成為弧狀的生產可能性邊界。**

在我所提到的例子中,小規模農場與酪農場的米與牛肉的生產情況,由於生產者不變,因此生產效率固定。在這種狀況下,生產可能性邊界會呈直線。

當機會成本固定時,生產會被引導至「只生產汽車即可」這樣「完全專業化」模式。然而,在現實社會卻擁有各式各樣不同的生產者,因此生產可能性邊界要呈直線,基本上是不可能的。因為每個人的機會成本有差異,因此不會達到完全專業化的狀況。

那麼,讓我們來看看生產可能性邊界呈弧線時,因國與國之間貿易而得到的利益吧!右頁下圖中,在沒有海外貿易時,對 A 國消費者而言,能有效利用生產的組合,就能有效提高生產可能性邊界。但是當有海外貿易時,將 a 點部分商品專業化並進出口後,能得到最適消費點 b。這時國內消費將超過國內生產量,這個差額是由於貿易而獲得的利益。對 B 國來說也同時有利。

如此,**藉由貿易(交換)行為從人與人這樣的最小單位,甚至是國與國間的消費量、效用皆會增加。**

生產可能性邊界

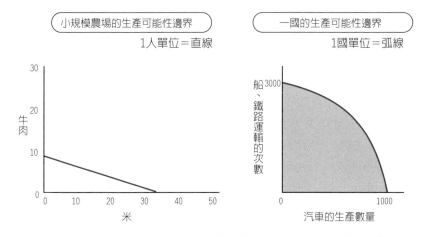

生產可能性邊界，若以1人單位時呈直線，而當斜線（生產效率與機會成本）變成不同的複數集合體的國家時，呈弧線。

國與國之間的貿易利益

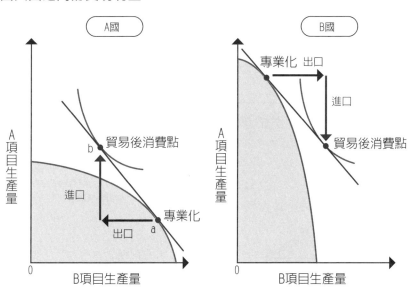

Column 2

•

李嘉圖的比較優勢論

大衛 · 李嘉圖所提出的比較優勢論，是經濟學史上最大發現。是否能夠完全瞭解比較優勢理論，同時也是是否會陷入經濟學中關於貿易的謬論：「與企業相互競爭相同，國與國也相互競爭」之分歧點。

大衛 · 李嘉圖
(David Ricardo)
(英國，1772～1823)

李嘉圖的比較優勢論

自給自足時，兩國的生產量　　　　　　　※簡化數值以便說明，（）為原數據

	生產1公升葡萄酒所需要的勞動力	生產1公尺毛織品所需要的勞動力	酒生產量	毛織品生產量	
葡萄牙	1人（80人）	2人（90人）	1L	1m	
英國	5人（120人）	4人（100人）	1L	1m	
			2 L	2 m	全球計

貿易（交換）時，將擅長的商品領域專業化

葡萄牙

	酒勞動者	毛織品勞動者	酒生產量	毛織品生產量
專心製酒	3 人		3L	
專心製毛織品		3 人		1.5m

英國

	酒勞動者	毛織品勞動者	酒生產量	毛織品生產量
專心製酒	9 人		1.8L	
專心製毛織品		9 人		2.25m

自給自足時的生產（消費）量①②，與貿易（交易）後的生產（消費）量③④

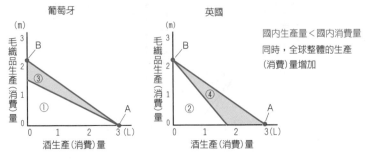

國內生產量＜國內消費量同時，全球整體的生產（消費）量增加

傳統經濟學
供需曲線的世界

市場機制

亞當・史密斯所指的「看不見的手」，能夠有效利用資源（其提出的勞動力、時間、資本），並達到增進社會整體利益的結果。

在第二章是以兩財兩主體的說明為例。然而，全球有將近 70 億的人口，以及數不盡的財（商品）、服務。有限的資源要如何分配，只依靠口頭商量試圖解決，基本上是不可能的。

目前為止最好的資源分配調整方法，是建立在需求與供給上的市場機制。由右頁圖中的例子可以看出，價格決定需求量，並且完美地分配生產飛機或車輛所需要的相關人力與原料，以及提供資源、電器、服務等龐大的勞動者、時間等。

70 億人就有超過 70 億個分散且不同的需求，卻沒有造成混亂。成就這個事實是什麼樣的關鍵呢？答案是：「價格」。

市場機制的目的在於「將有限的資源適當分配」，為了達成此目的而採取的手段，就是「價格」。

對於完全競爭市場來說，價格是由市場決定。因此，生產者或消費者皆沒有價格的決定權，他們被稱為**價格接受者 Price Taker**（反之，**價格制定者 Price Maker**，則是指有價格決定力的消費者與生產者）。這樣的完全競爭市場必須滿足以下前提：

1. 販售的財（商品）、服務必須為同一物品。

2. 賣方與買方須為複數，並且皆為價格接受者。

3. 自由買賣，不論何時皆可以參加或退出市場。

4. 消費者與生產者皆充分瞭解關於商品的詳細資訊。

完全競爭市場的代表有：外匯市場、水果或蔬菜市場，以及小麥粉、玉米粉或煤炭等原料市場。

「價格」會適當分配財（商品）、服務

市場經濟中，藉由價格的調整，增加人們平常都需要的商品的數量，並減少較用不到的商品量。如同紅綠燈可以調節車流與人流一般，價格這個號誌透過提高、降低，來調節**勞動力、土地、資訊、資金等生產資源的流動**，即使沒有政府的計畫，生產資源仍然依照各式各樣的用途適當地分配。

（摘錄　中學生教科書《新社會　公民》東京書籍）

依據「價格」與必要性變化的通勤選擇

往返日本大阪－仙台間，會選擇哪種交通方法呢？

飛機　　　　　　　　　　新幹線　　　　　　　　　　長途客運

費　　用：3 萬 7000 日圓　　費　　用：2 萬 2620 日圓　　費　　用：7600 日圓
移動時間：1 小時 15 分　　移動時間：4 小時 20 分　　移動時間：12 小時 20 分

針對比起價錢，更重視**時間**的人　　針對在**時間與價格上皆採取平衡**的人　　即使會花多一點時間，也想要**節省開銷**的人

完全競爭市場的需求曲線與均衡

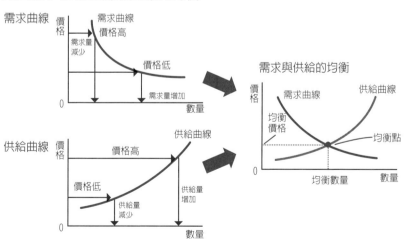

需求曲線

需求曲線有「價格降低時，需求量增加」、「價格升高時，需求量減少」
的性質，是一條從左上往右下傾斜的曲線。

「大塚商會『tanome-ru』*在增加消費稅後仍維持暢銷，是藉由強化商品與服務，來達成業績提升的目標」

「tanome-ru」為大塚商會的辦公室用品網購服務，自營業開始維持了連續 15 年的營業增收。在增加消費稅之前，需求大量擴展，2014 年第一季（1～3 月）達成了 349 億 4600 萬日圓的營收，與前年同一期相比增加了 12.5%。這個 4 月也實行了最為暢銷商品的降價，投入統一標示價格總價的新型錄。實施了以暢銷商品為中心的新舊型錄合計超過 2400 個項目的降價。特別是影印用紙，提供了大型網路販售業者中最便宜的價格。

結果，「大量需求的反作用低，4 月之後的消售額也沒有陷入大幅度下滑，而是持續成長」。大塚商會說明了公司營業額的上漲趨勢。

（摘錄「週刊 BCN Vol.1534」2014.6.16）

* tanome-ru（日本通信販賣支援系統，原文：たのめーる）

2014 年 4 月，日本的消費稅自 5% 調漲至 8%。消費者為了在消費稅調漲前，以比較便宜（消費稅較低）的價格購買商品，社會整體產生了需求大增的現象，消費者因此對價格變動的反應更加敏銳。

各公司行號在消費稅增稅後，以價格不變（含稅）或降價的方式對抗之，企圖挽留消費者的心。降價以後，可以明顯看出銷售額（消費量）的增加。

讓我們利用第 48 頁所提過的預算線與無異曲線（消費的效用線），並以圖表表示上述情況。右頁上圖為假設有 1 萬日圓所得預算，衣服價格為 1000 日圓，食品為 200 日圓的圖表。

其中，食品由 1 個 200 日圓降到 100 日圓，這時 U1 的無異曲線將會移動變成無異曲線 U2，C'點成為消費的最適點。可以發現到透過更多的食品消費，消費者滿足度（效用）也越高。

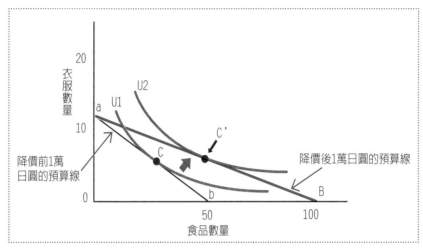

一旦食品的價格產生變化，效用最大的消費最適點（上圖中的 C 點與 C'點＝預算線與無異曲線的交點）跟著變化。C 點，等於食品 25 個 ×200 日圓＝ 5000 日圓。然而，由於食品價格調降，預算線也會跟著變動，C'點等於食品 50 個 ×100 日圓＝ 5000 日圓。將這時 C 點與 C'點以圖表示（如下圖）。

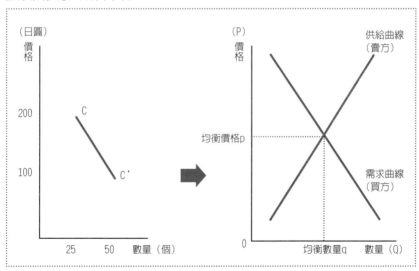

此圖呈現買方需求曲線，食品降價時就表示，買方對於食品的需求量會增加。

供
需
曲
線
的
基
礎

3

供給曲線

供給曲線，與需求曲線相反，呈自左下往右上傾斜的曲線。儘管供給者有追求利益的前提，但實際上，價格決定權並不在於供給者。

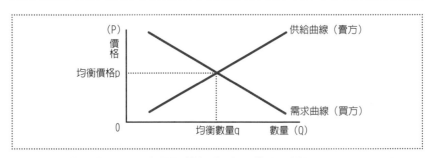

上圖的**供給曲線，顯示了價格提高時，供給量增加**。解讀這個供給曲線的重點有兩個。

首先，在第 64 頁中有提到，前提是供給者必須為完全競爭市場中的**價格接受者**。

價格接受者，指的是接受價格，不持有價格決定權的供給者。而無數個販售業者，則是根據市場價格決定自己的販賣數量。

其次，供給者會為了提高自身利益而行動。

當然，業績很重要，但若是只有業績而利益卻沒有提高，那也只是「空忙」。換句話說，企業的目的在於「利益最大化」。因此，企業會竭盡所能地提高利益。

價格上漲（原因）➡ 供給量增加（結果）

（理由）為了「利益（利潤）最大化」

　　以上兩點非常重要，其一：必須為價格接受者，其二：必須是以提高利益為動機的立場。

　　在滿足這兩點前提下，導出供給曲線。

　　那麼，讓我們以大福製作工廠為例。

　　首先，是表示收入的線，企業會生產價格固定的商品。業績越高，總收入也會增加，因此呈現向右上傾斜的斜線。

　　下圖中的 a 點，代表 100 日圓 ×1 萬個 = 100 萬日圓；a'點則代表100 日圓 ×2 萬個 = 200 萬日圓的業績。

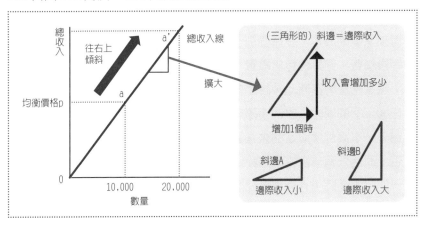

　　這個三角形的斜邊，稱為**邊際收入**（邊際理論，參照第 18 頁），表示追加到最後一單位時，收入增加了多少。

　　斜邊 B 比斜邊 A 的**邊際收入高**。在完全競爭市場的狀況下，收入為「價格 × 數量」。因此，三角形的斜邊＝邊際收入＝價格，也就是「**邊際收入＝價格**」。

　　其次為成本，分為：

（1）固定成本

（2）變動成本

　　固定成本：指的是工廠建設費、土地費、機械設備等不變的費用。假設固定成本為 1000 萬日圓……（接下頁）

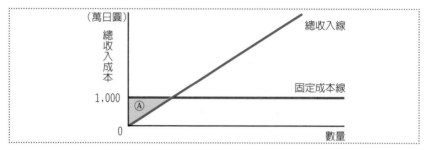

不論業績是高是低（是否生產了大福），這 1000 萬日圓的固定成本都是一定的。因此，固定成本線呈水平狀。上圖中的三角形部分Ⓐ，表示收入全數流向固定成本，呈現完全赤字。

再來是變動成本：在這個例子中，指的是製造大福的小豆粉、在來米粉等原料費，另外也包含電費、瓦斯費、水費，以及工廠員工的薪資等等，越是生產製造商品，越是會消耗的費用，請看右圖。

在Ⓑ～Ⓓ的部分，說明**邊際成本遞減與遞增法則**（請參照第 84 頁）。

另外，本案例所設定的大福製作工廠為小型工廠，或是小型和**菓**子販售店，而且只有一條生產線設備。

一開始生產時，人與機械在能夠正常工作前，需要花點時間預熱（Ⓑ部分）。這段時間工廠會慢慢調整機械到最為適當的速度，因此處於原料因而浪費、作業員容易犯錯的情況。

初期每生產一個大福，基本開銷會增加得很快。因此在Ⓑ的斜線 A 為傾斜度大的斜線，邊際成本大。

Ⓒ的部分，則為效率緩緩提升的狀態。機械的運轉漸趨順暢，作業員工作也漸漸順手，生產效率提高。

若是另外增加打工的作業員，也能有效增加生產量，這稱為**邊際成本遞減**。即使追加成本，產量也能迅速地增加。斜線 I 表示增加一個大福生產量的成本極小，這是邊際成本非常低的狀態。

然而，這並不代表只要增加勞動力，生產量就一定會增加，原因在於生產大福的機器只有一台，即生產線只有一條。

此時，越是增加作業員，就意味著生產線會越來越擠，在人員密度越

來越高的情況下，一條生產線、一間店鋪的作業效率就會下降，這稱為**邊際成本遞增**。

　　Ⓓ部分的斜線Ｕ，與Ⓒ部分的斜線Ｉ相比，多生產一個大福的費用變多（反過來說，增加越多的勞動者，造成生產效率越低）。

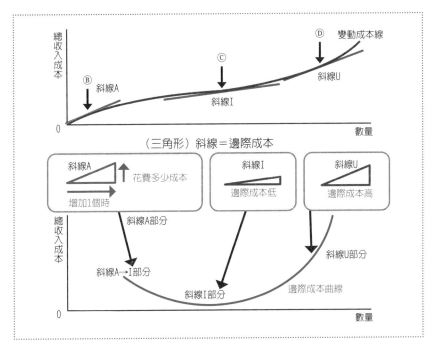

邊際成本曲線，如上圖所示呈Ｕ狀。

那麼，讓我們將固定成本與變動成本的圖重疊起來看看吧！

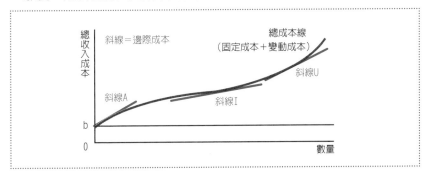

固定成本加上變動成本就是總成本。以下圖為例，如果變動成本增加1000萬日圓，那麼固定成本就要再加上此數值才是總成本，也就是從 b 點開始，再畫上總收入線。

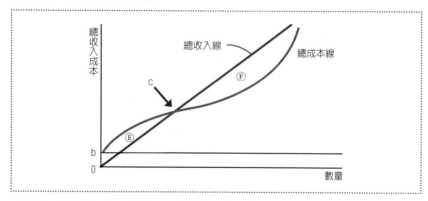

利益（利潤）為（收入－成本）。上圖Ⓔ的部分顯示出：消耗的成本大於賣出大福的收入，因此呈赤字。要一直到 C 點之後，Ⓕ的部分才開始出現利益（利潤）。

由於越是消耗成本，邊際成本就越會擴大，因此並不只是增加生產數量就好。這是因為越是增加生產數量，Ⓕ的面積反而越有可能變少，利潤也就變少。

如此一來，在Ⓕ部分中最大利益（利潤）點在哪裡？答案就是：（收入－成本）最大的部分，也是下圖中雙箭頭Ⓖ中上下兩點距離最大的地方。

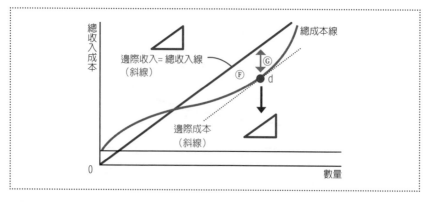

　　ⓖ點雙箭頭距離最大的部分，即是對大福製造工廠來說最有利益（利潤）的點，也就是邊際點，不論再增加或減少一個生產量，利潤都會變少。

　　企業營運時就該依據這個最大利益（利潤）點，來決定大福的生產數量。因為這時總成本線上 d 點的傾斜度（邊際成本），與總收入的傾斜度（邊際收入）相同。若是再增加一單位的生產量，則會變成只有成本增加（斜線傾斜度大），利潤因而減少，反而造成虧損。

　　總之，最大利益點即是邊際成本與邊際收入的相同點。

　　另外，在完全競爭市場的狀況下，**「邊際收入＝價格」**（第 69 頁），因此**「邊際收入＝價格＝邊際成本」＝利潤最大點**。

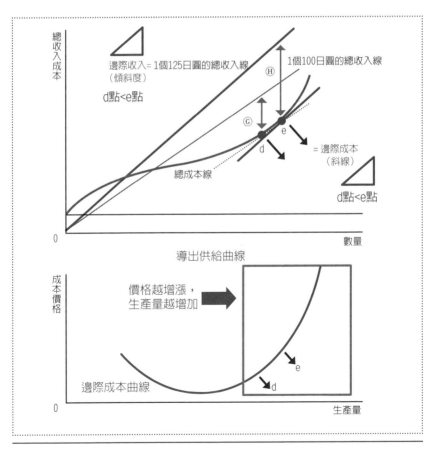

那麼，這個企業會在哪種狀況下增加商品生產量呢？

答案是：在大福的市場價格上漲時。

假設一個 100 日圓的大福，漲價至 125 日圓。總收入線（價格 × 數量）將會移動（如同前一頁圖中所示）。同時，在 d 點增加一個單位產量時，利潤就會增加。對任何一家企業來說，如果增加生產量等同增加利潤，自然就會選擇增加生產量。

在價格上漲前的最大利益是Ⓖ。而價格一旦上漲，總收入的斜線傾斜度（邊際收入）變大，於是最大利益點與總收入的斜線傾斜度（邊際收入）e 點（邊際收入＝邊際成本）相同。

這時最大利益（利潤）為Ⓗ的部分。而 e 點，代表若再增加一單位的生產時，邊際成本變大，轉而成為損失點。造成邊際成本線呈「d 點的傾斜度＜ e 點的傾斜度」。

由於商品價格上升，生產量自 d 點增加到 e 點，利益（利潤）增加。

企業秉持著**「利益（利潤）最大化」**而**「商品價格上漲時應該增加生產量」**，這即是供給曲線。而供給曲線「商品價格上漲時，生產量增加」的背後，則是有這樣的緣由。

上述例子為賣方（企業）的供給曲線。顯示出當大福的價格上漲時，賣方（企業）會轉而增加大福的供應量，讓價格與供給量成正比，因此供給曲線在圖表中呈向右上傾斜。**「邊際成本曲線＝供給曲線」**。

供給曲線之所以呈右上傾斜的斜線，是因為邊際成本遞增。

如此，「邊際收入＝價格＝邊際成本＝最大利益點」，因此成本即「邊際」。換言之，由最接近臨界點的最後追加的那一單位來決定。

供給曲線，同時也是以「沒有價格的決定權，價格接受者」為先決條件。被賦予的價格下跌時，對企業來說利益（利潤）減少，因此有可能被迫面臨必須退出市場的局面。

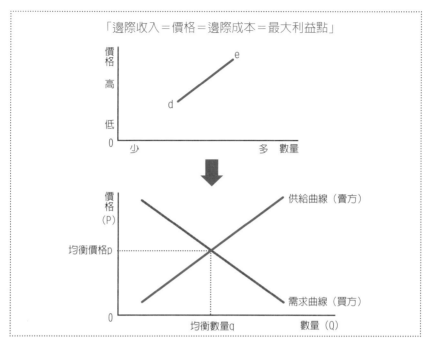

以下為 2014 年受到油價價格下跌，所受到影響的沒有價格決定權的企業之相關訊息。

「美國開採頁岩氣[註6] 的『WBH Energy』經營失敗　預設今後也會持續發生」

　　全球持續受到石油原油價格下跌的影響。美國南部的德州，WBH Energy 公司著手於頁岩油、頁岩氣的開發，由於核算惡化導致經營失敗。開始出現今後相關企業也會持續破產的意見。

　　負債額約 60 億日圓。本來頁岩氣的開發是因為原油價格的攀升，為了吸收高額的生產開銷而開始的開發。以現在的價格來說，當然會造成虧本，較晚開始開發，以及資本力不足的公司，想必會接連破產倒閉。

（摘錄「JC-NET」2015.1.9）

※ 長期、超長期的狀態下，固定成本也可以作為變動成本來看待。以 10～30 年為單位，工廠建設或機械、店鋪的購買及販售皆可以視為變動成本。關於長期的供給曲線，則屬於另外的分析。

需求曲線的轉換

市場的總需求曲線是由個人需求曲線的總和得來，但並非經常性地呈現固定模式，而會隨著所得的增加或流行等各式各樣的因素而變動。

第 66 頁開始說明的需求曲線，是某個特定標的物的需求曲線。比如說：大福的需求。正在減肥的人就不太會想要吃大福，因此也不會因為商品本身變便宜而增加購買量。

另一方面，喜歡吃甜食的人就會因為大福降價而大量購買。市場的需求（市場需求量）是統計了所有人的需求得來。

市場需求量＝購買者的需求量總和

大福的價格（日圓）	A 的需求量（個）	B 的需求量（個）	市場需求量（個）
0	12	7	19
50	10	6	16
100	8	5	13
150	6	4	10
200	4	3	7
250	2	2	4
300	0	1	1

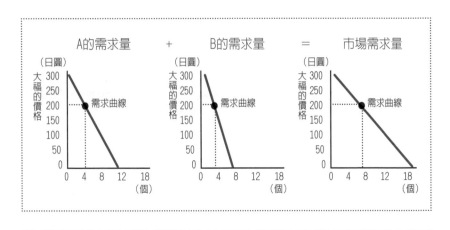

　　市場需求量是所有購買者對各價格的需求量之總和。大福市場的需求曲線，是水平加總了個人需求曲線。大福的價格為 200 日圓時，A 的需求量為 4 個、B 的需求量為 3 個，因此價格 200 日圓的時候，大福的市場需求量為 7 個。

　　需求曲線是會變動的。例如，過去曾經在日本電視上瘋傳「納豆能夠有效幫助減肥」，導致納豆需求驟增，新聞報導也曾經出現過店鋪裡納豆完售的狀況。或是，由於禽流感的發源地在國外，於是進口雞肉的需求量驟減的事件。

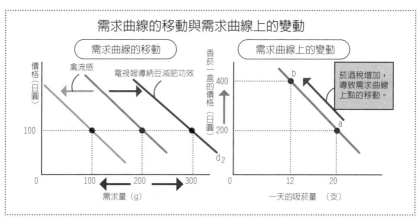

　　假設，新聞報導中出現「抽菸會導致肺癌的罹患率增加好幾倍」的調查結果，那麼香菸的需求曲線則會與禽流感時的進口雞肉相同，曲線整體會向左移動（變少）。但是當提高香菸稅時（售價上漲），需求曲線的位置不會變動，只會在需求曲線上的高價格、低需求的點與點之間移動變化（a 點→b 點）。

變化	需求曲線的移動	需求曲線上的變動
財（商品）、服務的價格		○
個人的所得	○	
個人的興趣、喜好	○	
未來預測（期待）	○	
購買者的數量	○	

供需曲線的導出 2

供給曲線的轉換

如同市場整體的需求量，其實是所有購買者的需求量總和一樣，市場供給量也是統計所有販售者的供給量而得到的結果。

　　賣方（企業）的大福供給量會因為各種因素（變數）而變動。供給量也是以價格為中心，若是其他因素固定不變，只要價格上漲時相對利益增加，企業的供給量就會增加。商品價格下跌時，最糟的狀況會造成店家虧損，甚至倒閉，這就是「供給法則」。

市場供給量＝賣方的供給量總和

大福的價格（日圓）	C公司的供給量（個）	D公司的供給量（個）	市場供給量（個）
0	0	0	0
50	0	0	0
100	1	0	1
150	2	2	4
200	3	4	7
250	4	6	10
300	5	8	13

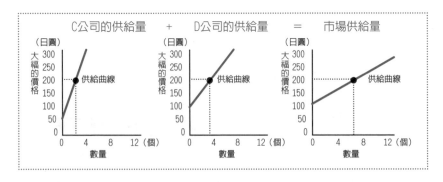

　　市場供給量是所有賣方的供應量總和。大福市場的供給曲線，是將所有企業（上例中的C公司和D公司）的供給曲線水平相加。大福價格為200日圓時，C公司供給3個、D公司供給4個。因此，當商品價格為

200 日圓時，市場供給量為 7 個。

　供給曲線和需求曲線一樣，是會移動的。比如說，因為導入新機器而減少生產成本，或是由於原料的價格或勞動薪資下降等情況時，即使商品價格相同，但成本降低、利潤就會提高，因此供給量會增加。反之，原料價格上漲時，供給量會減少。

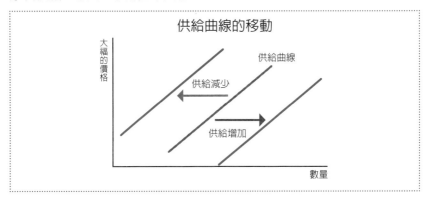

「預測未來」也會改變商品供給量。假設生產者預測大福未來的價格會因為某種原因而上漲，那麼生產者會採取儲存現在生產的一部分大福，減少對現在市場的供給量，增加對未來市場的供給量。當然，賣方本身的數量減少時，市場整體的供給量也會減少。

變化	供給曲線的移動	供給曲線上的變化
財（商品）、服務的價格		○
投入成本（原料費等等）	○	
技術革新	○	
預測未來（預期）	○	
賣方的數量	○	

　供給曲線移動，是因為圖表中的縱軸、橫軸以外的因素（變數）產生變化。由於價格的變化已被編入縱軸，因此價格的變化會在供給曲線上移動。但由於技術革新、預測、新設備等因素不屬於縱軸、橫軸，因此當這些因素產生變化時，供給曲線就會左右移動。

邊際革命帶來的新觀點

19世紀後半，提倡「商品價值是依據人的主觀而變化」的觀點。而且，追加了導出供需曲線的新觀點。

亞當・史密斯和李嘉圖等為主的古典派，認為財的價值（價格）是依據投入的勞動量來決定的（**勞動價值論**）。

另一方面，1870 年代，由英國的威廉・傑文斯（William Jevons）、奧地利的卡爾・門格爾（Carl Menger），以及法國的里昂・瓦爾拉斯（Léon Walras）不約而同提出了「**邊際效用遞減定律**」。

辛苦工作後喝一瓶啤酒，或激烈運動後的運動飲料，第一杯的效用（滿足度）非常高，然而隨著第二杯、第三杯……儘管內容物是一樣的（同質），但是效用卻會越來越低，最後會變成「已經不需要了（沒有效用＝不需用錢交換飲料）」。

越是接近最終（邊際），其中的效用則越來越低。

如此一來，財（商品）的價值會因為主觀的感覺不同而改變。

(1)傑文斯「邊際效用遞減」

最終（邊際）增加或減少財（商品），所達到的效用

(2)門格爾「稀有性」

需求＜供給＝非經濟財（例如：空氣）

需求＞供給＝經濟財←經濟學探討的對象

(3)瓦爾拉斯「一般均衡」

多人多財，無數的交易人在進行無數的財（商品）交易時，達成某種均衡。將交易對所有人的效用提升到最大，到達需求與供給一致的某個點，這個點即是被作為交易的財的邊際效用一致點。

邊際效用

啤酒、飲料	第一杯	第二杯	……	最後（邊際）
效用（滿足）度	最高	高	→遞減→	零
價值	500日圓	400日圓	……	0 日圓

↑ 均衡點
當需求與供給一致時的臨界點（邊際效用一致點）

邊際效用論與勞動價值論

邊際效用論

傑文斯→邊際效用／門格爾→稀有性
依據邊際效用與物品稀有性決定交換價值

消費（需求）方的主觀

· 最後（邊際）一杯水幾乎沒有任何效用
· 最後一顆鑽石，效用還是很高
· 因為水的稀有性低，而鑽石的稀有性較高

水與鑽石的矛盾

水的使用價值高，但交換價值低
鑽石的使用價值低，但交換價值高

鑽石的價格為什麼比水高？

· 水可在附近的河川取得（投入勞動力低）
· 鑽石須到較遠的礦山採（投入勞動力高）

勞動價值論

亞當·史密斯／大衛·李嘉圖
「租金＋利潤＋地價」而決定交換價值

生產（供給）方的客觀

馬歇爾的供需曲線

馬歇爾，劍橋大學的初代經濟學教授，指導過凱因斯與庇古，是建立了現在稱為「個體經濟學系統」的經濟學家。

創造出現代經濟學「Economics」這個單字的，就是阿爾佛雷德・馬歇爾（Alfred Marshall），在他之前則稱為政治經濟學「Political Economy」。

馬歇爾的需求曲線、供給曲線，在現今仍然是國中教科書中的基礎參考教材。

馬歇爾針對勞動價值論與邊際效用論的爭論，提出了加上「時間」的意見，以需求、供給曲線作說明，統合了兩方的概念。

（1）邊際效用論成立的狀況

假設交易發生在短時間內（例如：清晨的果菜批發市場）。這時，商品的供給量固定，供給曲線會變成垂直狀。

在這種狀況下，財（商品）的價格將取決於**需求曲線（消費）方的主觀意識**。

（2）勞動價值論成立的狀況

假設時間為長期。依照增加或減少所投入的材料、人力，生產者可以自由控制商品的生產量（例如：工廠大量生產）。

這時，供給曲線呈水平狀，財（商品）的價格則取決於**供給曲線（生產）方的客觀意識**（投入費用的多寡）。

由此可知，馬歇爾將（1）需求與（2）生產成本是如何影響了整體狀況的事實，以需求曲線、供給曲線表現出來。

短期與長期供需曲線的變化

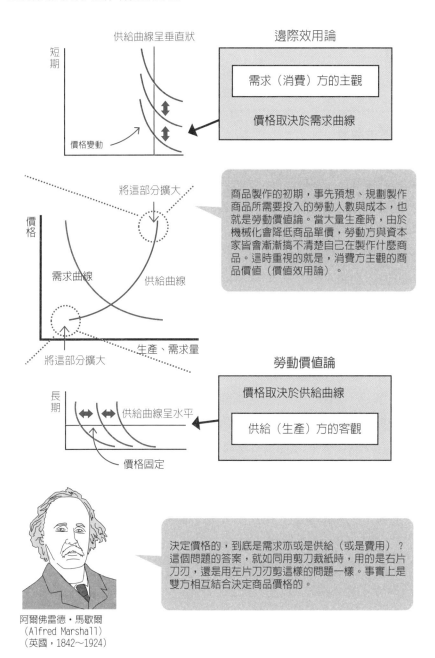

供給曲線呈垂直狀

短
期

價格變動

邊際效用論

需求（消費）方的主觀

價格取決於需求曲線

將這部分擴大

價格

需求曲線

供給曲線

生產、需求量

將這部分擴大

商品製作的初期，事先預想、規劃製作商品所需要投入的勞動人數與成本，也就是勞動價值論。當大量生產時，由於機械化會降低商品單價，勞動方與資本家皆會漸漸搞不清楚自己在製作什麼商品。這時重視的就是，消費方主觀的商品價值（價值效用論）。

勞動價值論

價格取決於供給曲線

供給（生產）方的客觀

長
期

供給曲線呈水平

價格固定

阿爾佛雷德‧馬歇爾
（Alfred Marshall）
（英國，1842～1924）

決定價格的，到底是需求亦或是供給（或是費用）？這個問題的答案，就如同用剪刀裁紙時，用的是右片刀刃，還是用左片刀刃剪這樣的問題一樣。事實上是雙方相互結合決定商品價格的。

個體經濟學的供需曲線

從邊際效用導出需求曲線，再從邊際成本導出供給曲線，兩相對照即可發現最有效利用資源的均衡點。

(1)需求曲線

需求曲線是向右下傾斜的，並且可以從**邊際效用**推演出來。

以大福為例，當想吃第一個大福時，真的不論花多少錢都可以嗎？如果需要買第二個大福的話……隨著商品量的增加，邊際效用遞減。像這樣針對一項商品，把社會全體對於這個商品的評價匯集成某線條，所得到的就是需求曲線。

(2)供給曲線

供給曲線是向右上傾斜的，同時也可以用**邊際成本**的概念表示。

在大福專賣店內，隨著製作大福的 1 位師傅，增加到 2 人、3 人……這樣子持續增加，生產量也會跟著增加。

但是，並不代表越是增加大福師傅的人數，生產量就越會提升。當增加到 10 人、11 人……由於店鋪面積不變，每人平均生產量反而因為工作空間愈來愈小而減少。這時即使增加成本，生產量也不會上升（遞減），這種狀況稱為邊際成本遞增＝「隨著越是接近最後（邊際），每一單位的生產成本越增加」。將市面上所有的蛋糕店或和菓子店的數據匯集成供給曲線。

右圖中的供需曲線上，價格上半部①稱為**消費者剩餘**（效用－價格），②的部分稱為**生產者剩餘**（價格－成本），**曲線的均衡點則為社會整體的剩餘＝最大利益**，也就是稱為經濟的餅最大的狀態。這個存在於完全競爭市場的均衡點，也是買賣雙方效用最大，最為滿足的狀態。同時，也是將有限的資源**毫無浪費**，並最有效分配的點。

市場呈現最大效率＝帶來最大的餅。

供需曲線與均衡點

(1) 需求曲線

大福消費	第一個	第二個	第三個	……	最後（邊際）
效用（滿足）度	最好	好	還好	→ 遞減 →	零
價值	500日圓	450日圓	400日圓	……	0日圓

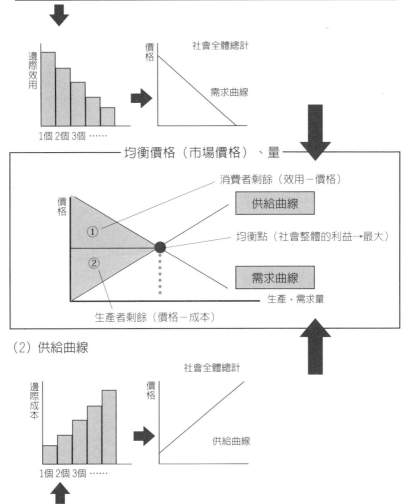

(2) 供給曲線

大福消費	第一個	第二個	第三個	……	最後（邊際）
一個大福的利潤	最好	好	有點變少	……	零
一個大福的成本	200日圓	250日圓	300日圓	→ 遞增 →	與定價同

需求量會因價格改變而增減與不變的商品

需求曲線、供給曲線的傾斜方式有許多種。這些傾斜角度不同的斜線，表示了「價格變低(高)時，量會如何變化」。

經濟學上的彈性，指的是「**對價格產生的反應大小**」。

依照日本總務省「家計調查」報告，針對每個人的財（商品）、服務計算出支出彈性。支出彈性指的是，當消費支出產生 1%的變化時，各種財（商品）、服務會產生多少變化的一個指標。未滿 1.00 的支出項目是生活必需品，1.00 以上的支出項目則被分類為奢侈品。

需求的價格彈性

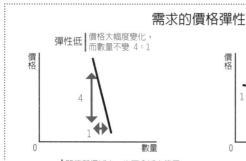

彈性低 價格大幅度變化，而數量不變 4:1

生活必需品｜即使所得減少，也不會減少使用量，對價格的變化反應較遲鈍。

彈性高 價格產生少許變化，數量則產生大幅度變化 1:4

奢侈品｜當收入所得減少時，首先會被捨去。對價格的變化較敏感。

項目	彈性	
香菸	−0.3880	低
住宅	−0.0320	
米	0.2202	
新鮮水果	0.2787	
瓦斯費	0.2894	
醫療藥物	0.3270	
健保醫療服務	0.3770	
蔬菜、海藻	0.3960	
海鮮類	0.4044	高

	項目	彈性
高	補習教育	3.2268
	課本、參考書	2.4840
	學費等	2.4706
	男式西服	2.1377
	汽車購買等	1.8647
	課外學費	1.7354
	住宿費	1.5459
	一般外食	1.3776
	培養興趣	1.2732
低	旅行團費用	1.1864

（總務省「家計調查」2014 年）

　　不論收入所得增減與否，生活必需品的支出開銷是不會變動的（無法變動）。食材費、房租、水電瓦斯費、健保醫療費等等，皆屬於生活必需項目，無法刪除或減少。

　　另一方面，**奢侈品部分則會隨著收入所得的高低而增減**。教育費、興趣、外食、旅行、或是課外技能學習費用等等，皆屬於奢侈項目。當一家的總收入增加時，可以多支出補習費等額外教育費，但當經濟不景氣時，則首當其衝地會被刪減掉。

　　一般農產品或礦物的供給價格彈性較小，而工業製品彈性較大。農產品由於耕種面積固定，因此在種植過程中無法隨機增減。另一方面，易於保存的工業製品，則會因為庫存調整或員工加班等因素，導致價格上漲，並有增加生產量的可能性。另外，將時間一同列入考慮時，彈性又會產生變化。假設今年的農產品價格上漲，那麼明年就會增加耕作的面積，以增加農產品的生產量。以石油為例，新油田的開發或設備的投資等等，皆有可能影響產量的增加。

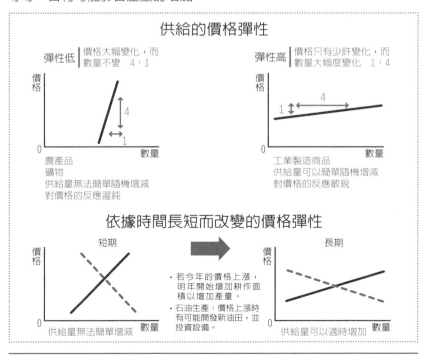

供給的價格彈性

彈性低｜價格大幅變化，而數量不變　4：1

價格

0　　　　　　　　數量

農產品
礦物
供給量無法簡單隨機增減
對價格的反應遲鈍

彈性高｜價格只有少許變化，而數量大幅度變化　1：4

價格

0　　　　　　　　數量

工業製造商品
供給量可以簡單隨機增減
對價格的反應敏銳

依據時間長短而改變的價格彈性

短期

價格

0　供給量無法簡單增減　數量

・若今年的價格上漲，明年開始增加耕作面積以增加產量。
・石油生產：價格上漲時有可能開發新油田，並投資設備。

長期

價格

0　　　　　　　　數量

供給量可以適時增加

「奢侈品」課稅，受影響的是一般人？

相同的財（商品）、服務，針對不同的需求者與需求期間的彈性也會不同。價格的差異，就是利用這個彈性差。

電影院或飛機的票價會依據購買者的年紀產生差異，因此就有學生票或敬老票等機制，這就是依據彈性不同，價格也不同的代表事例。這些商品稱為**腐敗性商品**（用過一次就不能用，逾期也無法使用），也就是說一旦電影開始、飛機起飛後，票就不能再轉賣了。另外，這類商品每增加一位客人的邊際成本也非常低。因此，電影票或機票通常是以客滿為目標來設定票價。

價格彈性高的是學生和老人，這兩種人的閒暇時間較多，若是設定老人與學生的價格較低，則需求量就會大幅增加。另一方面，上班族的彈性就比較低，總是不確定下一次的出差時間，一旦決定了即使機票再貴也勢必要買。由此可知，即使同一個座位，在不同的時間、日期或不同的時期，票價也會有所差異。

在這裡分享一個不考慮價格彈性而導致失敗的例子。

美國曾經實施針對有錢人課稅為目的的遊艇稅（遊艇價格因而上漲：需求曲線上的變動，參考右圖）。

結果，10 萬美元以上的遊艇業績減少 71%，遊艇業界的就業也減少了 25%，以慘烈的失敗畫下休止符。這是因為有錢人轉而在不用課徵遊艇稅的國家購買遊艇，或將資金轉為休假基金、購買別墅等。

然而，製造或販售遊艇的大多並不是有錢人，**此種針對有錢人所課徵的「奢侈品」稅，結果反而將負擔強壓在供給遊艇的中產階層**。比起當初預期能增加的稅收，損失更為巨大，於是遊艇稅在 1993 年廢止。

電影、飛機票價彈性的不同

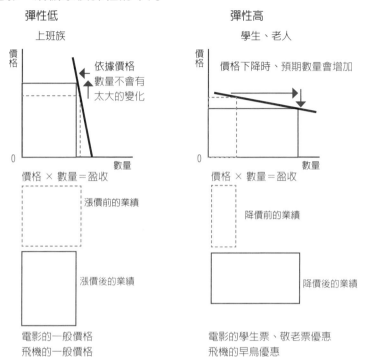

彈性低
上班族

價格

依據價格
數量不會有
太大的變化

0　　　　　　　　數量

價格 × 數量＝盈收

漲價前的業績

漲價後的業績

電影的一般價格
飛機的一般價格

彈性高
學生、老人

價格

價格下降時、預期數量會增加

0　　　　　　　　數量

價格 × 數量＝盈收

降價前的業績

降價後的業績

電影的學生票、敬老票優惠
飛機的早鳥優惠

針對奢侈品課稅的話⋯⋯課徵遊艇稅

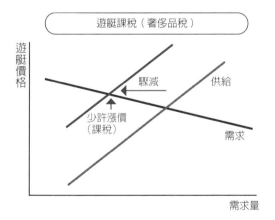

遊艇課稅（奢侈品稅）

遊艇價格

驟減

供給

少許漲價
（課稅）

需求

需求量

價格些微上漲，卻造成需求量大幅驟減，以高所得階層為目標的「奢侈品」稅，反而對遊艇製造相關產業等中低所得階層，造成了生活上的壓力。

市場機制的價格自動調整系統

將需求曲線與供給曲線畫在同一個圖表上時，會有一個相交的點。這個交點，稱為「均衡」。

右頁上圖，大福的均衡價格為 1 個 200 日圓，均衡交易量為 7 個，買方想買的量與賣方想賣出的量達到了某種平衡。

在這個價格狀態下，市場的參與者全部都達到滿足，而且所有人的買賣也都成立。市場上賣方與買方的行動，會自然而然地同時指向此均衡點。

那麼，要是沒有達到均衡，又會變成怎麼樣呢？

右頁中間的圖(1)中，市場價格比均衡價格還要高。當大福的價格漲到 250 日圓時，供給量（10 個）比需求量（4 個）高，於是商品過剩。在商品過剩的狀態下，賣方只好把想賣卻賣不掉的大福，無止盡地往冰箱裡塞，這就造成了庫存過剩，可能要到賣方調降商品價格後，才能夠解除這樣的狀況。

價格下降時，需求量增加，供給量則減少。需求量、供給量會沿著供需曲線上移動，直到到達均衡價格。

圖(2)中，則是市場價格低於均衡價格。大福 1 個 150 日圓時，需求量比供給量高，造成商品不足。在這樣的狀況下，買方必須排隊購買。商品不足時，賣方則可以提高商品的價格。

如此可見，**商品的價格過高或是過低，都會有許多的買家與賣家採取行動，自動將價格引導至均衡價格點。**

各位平時也許沒有意識到市場經濟機能的運作，但實際上，「**市場價格**」每天都在變動。

需求與供給的均衡

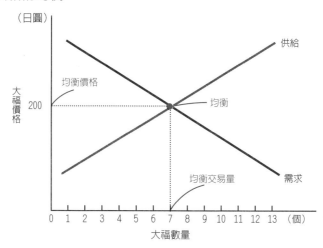

不均衡的市場

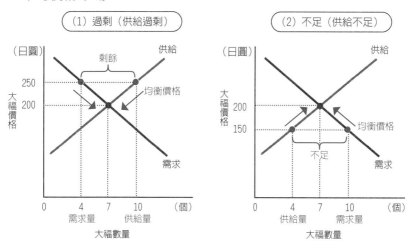

「印刷用紙，對亞洲降價」

　　印刷用紙對亞洲的出口價格調降，作為指標的對香港出口的書籍或說明書等所使用的上等紙 1 頓為 800～850 美元，比同年 10 月初時的價格低了 20 美元（2%）。日本國內的造紙公司皆擺出傾向出口的態度。「到目前為止，因核算利益不合而抑制出口的製造商（商社）也增加出口，造成低價交易增加」。

（摘錄「日本經濟新聞」2014.12.9）

需求與供給
產生變化時的狀況

前一節的分析，著重於供需曲線上的變化；本節將針對供需曲線移動的狀況來分析。

供需曲線移動位置的狀況，按照以下順序作分析。

1. 供需哪一條曲線移動了？

2. 曲線朝哪個方向移動？

3. 曲線的移動，對均衡交易量與價格有什麼影響？

(1)供給曲線（右頁上圖）

①在夏天，奶油（原料生乳）的生產過程發生損失，導致產量減少，於是影響到蛋糕的供給。由於供給量減少，價格因此上漲。生產成本上升，各家公司會調漲蛋糕的定價，企業方也會調整蛋糕的供給量。

②供給曲線向左移動。企業想賣，於是在蛋糕價格固定的狀況下，可以賣出的量（生產量）會產生變化。

③蛋糕價格維持 200 日圓的話，會發生商品不足，需求過多，因此企業方會以提高商品價格作為對策。如圖中所示，蛋糕價格自 200 日圓漲到 250 日圓，而均衡交易量則由 7 個減少到 4 個。

(2)需求曲線（右頁下圖）

①每到聖誕節就會改變的蛋糕需求、草莓需求（日本民眾普遍喜愛草莓蛋糕，通常在聖誕節時也倍受歡迎）。

②於是需求曲線會向右側移動。草莓的需求量在各公司蛋糕的固定價格下增加。

③蛋糕價格維持 200 日圓時，會發生商品不足，需求過多。因此企業方會將商品價格提高，使價格自 200 日圓漲到 250 日圓，而均衡交易量會由 7 個增加到 10 個，因此造成草莓蛋糕價格與販售量都增加。

（1）供給的減少影響均衡

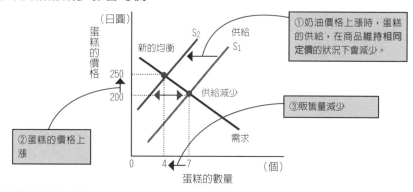

①奶油價格上漲時，蛋糕的供給，在商品維持相同定價的狀況下會減少。

②蛋糕的價格上漲

③販售量減少

「牛丼漲價的背後」

「すき家」（日本牛丼店）（2015 年 4 月）15 日起，價格由 59 日圓調漲至 350 日圓。「牛肉價格上漲，並參考了電費、人事費用等成本後進行調漲」。因為美國乾旱影響，美國冷凍牛肉的進口價格「與 2、3 年前相比，幾乎漲了 2 倍」。此外人事費用也上漲了。

（摘錄「讀賣新聞」2015.4.3）

（2）需求的增加影響均衡

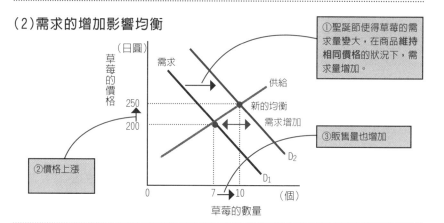

①聖誕節使得草莓的需求量變大，在商品維持相同價格的狀況下，需求量增加。

②價格上漲

③販售量也增加

「聖誕節的備用草莓不夠」

蛋糕店皆處心積慮地確保草莓這項蛋糕必備食材的供應，據說也有店家直接向農家詢問。日本田邊市內的蛋糕店接受訪問時說道：「每年 12 月 20 日以後皆會漲價，然而今年不但縮減蛋糕大小，價格更是去年同期的 2 倍。由於原料短缺，甚至只進了不到必要數量 2/3 的草莓。全國的蛋糕產量少，也無法自大阪調貨。我們很想將大尺寸蛋糕縮減一半，或是使用哈密瓜等水果替代作為對策。」

（摘錄「紀伊民報」2012.12.21）

為了保護消費者的物價控管，卻讓消費者痛苦？

市場，將消費者剩餘與生產者剩餘的總剩餘放到最大，以實現最有效的資源分配。那麼，若給予價格與數量某種「限制」，又會變得如何呢？

當商品價格為均衡價格時，買方想購買的量與賣方想賣出的量剛好相等。那麼，由政府引入價格控管時，市場又會如何變化呢？

右圖⑴中，原本市場的均衡價格較高，因此規定上限的價格控管並沒有任何效果，無法影響實際的價格與販售量。

在圖⑵中，設定商品價格的上限為 200 日圓。在沒有規定價格的市場中，需求與供給會自動運行，帶領價格向均衡價格的方向移動。但是，當政府對市場價格加上限制時，商品價格無法高於上限，在這個限制價格的狀況下，相對於總需求量 125 個，供給量卻只有 75 個，將會有 50 個需求無法被滿足。

這時，與「市場」不同的機制將會啟動。

例如，排隊（由時間順序調整），先排隊的人才有資格購買商品，或是生產業者的個人決策，有可能只對朋友或親戚等熟人範圍販賣商品。

另外還有黑市，擁有權力或有錢的人較容易進入黑市，而一般消費者則被剔除在外。

以保護消費者為目的的價格控管，有時反而造成購買者的虧損。當價格上限比市場價格低時，沒有比「市場機制」更優質的機制，能夠完美地運作。

排隊，浪費了購買者的時間；而生產業者個人的決策或黑市，則剝奪了購買者以合理價錢購買商品的機會。**「市場機制」，是最為有效且非人為的（＝自動的）分配機制**。

可以實現依據價格不同，達到需求與供給的公平分配。

價格受限制的市場

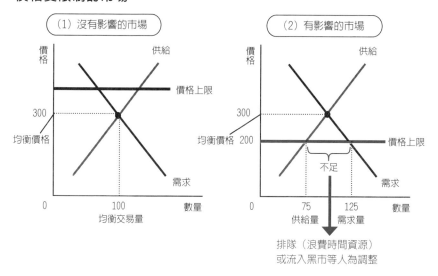

（1）沒有影響的市場

價格　　　　　　供給

　　　　　　　　　　　價格上限

300

均衡價格

　　　　　　　　　　　需求

0　　　100　　　數量
　　均衡交易量

（2）有影響的市場

價格　　　　　　供給

300

均衡價格　200　　　　　　　　價格上限

　　　　　　　不足

　　　　　　　　　　　　需求

0　　75　125　　數量
　供給量　需求量

排隊（浪費時間資源）
或流入黑市等人為調整

石油危機、黑市，是從政府的價格控管中衍生出來的！？

1973 年，以中東戰爭為開端，OPEC（石油輸出國組織）調高了石油的價格。由美國
政府所制定的油價上限，卻帶來了石油嚴重不足的結果。

> 　　在價格統一的制度下，油價無法調漲，因此供給的減少演變為供給不足，而且狀況
> 漸趨嚴重。這個油量供給不足造成恐慌，情況更急轉直下。下次不知何時還能再買到汽
> 油的駕駛們，即使汽車油箱還有不少的油量，仍然為了加滿油而在加油站排隊，導致加
> 油站前大排長龍的現象。
> 　　油量不足的狀況，在 2～3 個月內演變成全國運動，人們為了加油而在加油站前排
> 隊，浪費了好幾個小時；或是害怕車子因為沒油拋錨，而取消休假期間的旅行等等。直
> 到 1981 年，美國政府廢止了油價的價格統一制度，情況才好轉。
> 　　2000 年春天，由於產油國的產量限制，石油價格在 2～3 個月內飆漲了 1 倍以上。
> 油價驟漲，許多人改變開車習慣，其中有些人也因油價攀升而感到生活的困苦。然而，
> 在當時的美國並沒有發生油量不足的狀況，1970 年代油價控管所引起的混亂不再，美
> 國人依舊過著自己的生活。
> 　　　　　　　　　　　　　　　（摘錄 保羅・克魯曼等《個體經濟學》東洋經濟新報社）

> 　　1939 年（昭和 14 年）的日本戰爭時期也施行過物價控管，大多數的物品價格都受
> 到規定。直到戰後黑市橫行，每天早上都可以看到千葉或埼玉的農家，大老遠地挑著米
> 到東京販售給黑市商人們。
> 　　　　　　　　　　　　（摘錄 八田達夫《個體經濟學 Expressway》東洋經濟新報社）

政府無視市場均衡,而採取保護價格的話⋯⋯?

在日本或美國,無視市場均衡的價格設定事例並不多,然而這樣的事例卻仍然存在世界上。

當大福 1 個 200 日圓時,消費者的總購買量為 7 萬個,而達到了供需均衡。這時,消費者剩餘為右頁圖中的 A,生產者剩餘則為 B。總剩餘為 A + B,是為最大值。

假設政府為了保護大福的生產者,而實施價格控管,並設定大福的價格最低必須為 250 日圓。當價格上漲時,大福的販售量減少到 4 萬個。

生產者剩餘自 B 增加到 B'(生產者期望價格控管的原因在這)。相反地,消費者剩餘則自 A 減少到 A'。總剩餘 A' + B',比一開始的剩餘還要少了 C 部分之多。

反之,若是政府實施價格管制是為了保護消費者,設定大福價格最高只能為 150 日圓。那麼販售量會減少到四萬個,消費者剩餘也自 A 增加到 A",而生產者剩餘則自 B 減少到 B"。總剩餘 A" + B",共缺少了 C 的份量。

如此一來可以看出,**當政府導入保護生產者、消費者的價格時**,不論在哪一種狀況下,**總剩餘皆會損失 C 的份量**。

而這個 C 的部分,稱為**無謂損失**(Deadweight Loss),又稱為社會淨損失,為社會整體的損失。

> 反美左派馬杜洛政權下的委內瑞拉,正處於物資缺乏漸趨嚴重的處境。政府揚言要實現「21 世紀的社會主義」,正在實施價格控管。商品不足最為明顯的是牛奶、米、咖啡豆以及玉米粉等價格管制品。在犯罪組織大量購買價格管制的低價商品,並以高價賣至鄰國哥倫比亞以賺取差額來獲取利益的背景下,國民只能購買到原先市場量的 30%。委內瑞拉(2014 年)8 月底的通貨膨脹率上漲到 63.4%(年率),對政府的批判聲浪越來越大。
>
> (摘錄「產經新聞」2014.11.24)

保護生產者、消費者的價格控管，為社會帶來「無謂損失」

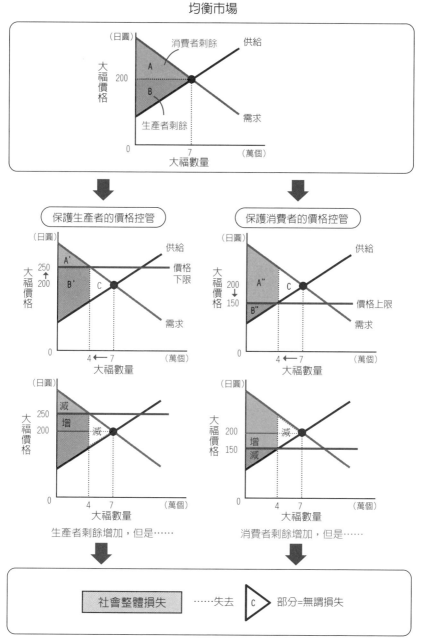

社會整體損失 ……失去 ▷ C 部分=無謂損失

「貿易保護」
為何是必要的？

貿易與生產者保護 1

在比較優勢的章節中，我們討論過貿易的利益，那麼這個利益又是如何分配的呢？讓我們以剩餘層面來分析看看。

在比較優勢（第 50 頁）的章節，我們討論過所有國家都可以藉由貿易，來得到利益。

然而即使眾所皆知，貿易的自由化可以增加消費者的利益，至今卻無法實現米的進口自由化。即使經過**跨太平洋戰略經濟夥伴關係協議（TPP）**[註7]交涉，日本政府仍將米、麥、牛肉、豬肉、乳製品、砂糖和其原料等稱為**重要五項目**，並提倡死守關稅。

米的關稅 1 公斤 402 日圓（2015 年），因此 10 公斤 4020 日圓，可以算得上是高額關稅，所以幾乎沒有進口至日本的外國米，也就幾乎沒有該項關稅收入（現在米的國際價格為 10 公斤 500 日圓）。

貿易的自由化，是為了擴大消費者的利益。但是，日本政府究竟為何不採取「擴大自由化」的策略呢？比如說，為何不締結跨太平洋經濟夥伴關係協議或包括東亞地區的區域全面經濟夥伴協定（RCEP）[註7]，以及東南亞農業自由化的自由貿易協定（FTA）[註7]呢？這是有理由的。

讓我們用剩餘層面來分析就能瞭解。

若是日本的米市場完全開放，米的國內價格將與全球價格相同，於是米的需求增加。另一方面，由於這個國際價格低於原先的均衡價格，導致國內的供給減少。為了填補這個需求與供給的縫隙，則必須進口，於是日本整體的剩餘，如右頁上圖中的三角形 C 部分增加，這是自由貿易的進口利益。然而，消費者剩餘增加而生產者剩餘卻減少。進口米的利益，只有些微延展至日本全國。

但是，對生產者的不利卻會集中在特定的稻米生產者身上，對於這些人來說，這類政策是與存活相關的問題。

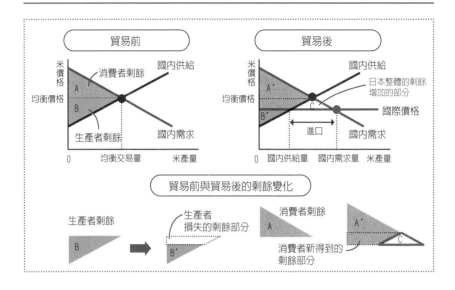

　　因此，主張「**貿易保護**」是相關生產者的訴求。對這些相關生產者來說是當然的，從古至今都不變。

　　透過向政府或議員施壓以限制貿易的人，多數為企業或在企業工作的勞動者、米的生產者。這樣的聲浪越大（議員無法忽視地方企業或有權力者的聲音），政府就會採納貿易保護政策。最具代表的有**關稅**、**進口分配**、**進出口自主規定**。

　　1980 年初期美日發生貿易摩擦，於是日本針對國內汽車的出口量採自主規定，就是為了避免來自美國的關稅。

貿易與生產者保護
2

負擔關稅的，
其實是消費者!?

貿易保護的代表性主張：「保護就業、保護高薪資、保護幼稚產業^{註9}」。
然而，卻都沒有長期成功的案例。

讓我們來分析看看，貿易保護主義中課徵「關稅」的狀況吧！

無關稅的自由貿易下，是以國際價格來交易。這種情況下的消費者剩餘，呈現右頁上圖中的 A，生產者剩餘為 B。當商品被課徵關稅時，商品價格從 p 漲到 p1，且需求減少，而國內供給反而增加。消費者剩餘則自 A 減少到 A'，而生產者剩餘則由 B 增加到 B'。

消費者剩餘所損失的部分，其中 C 的部分既不屬於生產者剩餘，也不列入關稅收入，是為日本整體的損失＝無謂損失。進口分配限制也是一樣的狀況，只有與關稅等份的利益，會成為國外出口業者的利益而已。不論是哪一個策略，皆會動搖資源的最適當分配。

關稅實際上**由日本全體消費者負擔，卻常常被誤以為是由進口業者負擔**。「米的國際價格 500 日圓＋日本的關稅 4020 日圓＝在日本的販售價格 4520 日圓」，在這句話中看似支付關稅的是進口業者，但實際卻是由日本人民負擔。

關稅，是將所得自日本消費者轉移至其他日本人（政府裁量使用）（比如，針對進口奶油有特殊的關稅分配制度，根據農林水產省的資料，2012 年度的進口量為 4000 噸，進入農畜產業振興機構的進口差利益約為 23 億日圓。進口差利益最終會使用在推動酪農場營運上）。

因此，「農業重要五項目的關稅撤廢，能夠幫助家計所得」（反之，則會對現在的消費者造成負擔）。

低收入階層的所得中，糧食支出所占的比例比高所得階層高，因此廢止關稅的好處，低所得階層能分配到更多（高所得階層的 2.3 倍）（消費稅的負擔差異為 1.7 倍）。

課徵關稅時，剩餘的變化

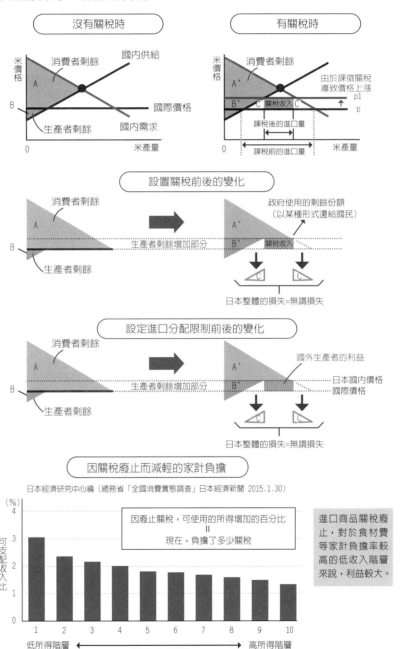

適合保護生產者的，是關稅？還是輔助金？

如果想要保護生產者，那麼比起關稅或數量限制，補助金更為適當。
消費者剩餘、日本整體剩餘也會增加，生產者也能獲益。

若是日本政府對農場提供與關稅相當金額的補助金的話，又能發揮怎樣的效果呢？

收到了多少補助金，等於補助了多少生產成本，於是供給曲線移動（參考右頁上圖），生產經費將會變便宜。

國際價格沒有變動，因此消費者的購買量與消費者剩餘，是與自由貿易時的狀況相同。另一方面，生產者剩餘則因為多了補助金增加的部分而轉變，自 B 增加到 B'（請參考右頁下圖）。

最終，全體國民負擔的補助金中，C 部分沒有被回收，反而變成無謂損失。但是，這個無謂損失的部分，比起有關稅時更少。換句話說，日本整體的總剩餘「比起課徵關稅，選擇支付補助金時較大」。

另外，若是比較進口自由化前的剩餘圖，則可以發現消費者剩餘、日本整體總剩餘明顯地增大（參考第 99 頁）。

原本，自由貿易是最好的，但是**「如果要保護生產者，比起關稅或進口分配限制，提供補助金更為理想」**。

戰後，經過 GATT → WTO、FTA、EPA^{註10} 等交涉，日本政府調整了對外政策（關稅與交易量等）。但針對國內政策（補助金），除了特別將開發中國家對已開發國家設定為議題以外，實際上並不特別接觸。

以上為經濟學主張「貿易的利益」時的實證分析。

藉由確實實行餅的擴大（效率）與餅的分配，日本整體的「利益」會增加（參考第 14 頁）。

給付補助金時，剩餘的變化

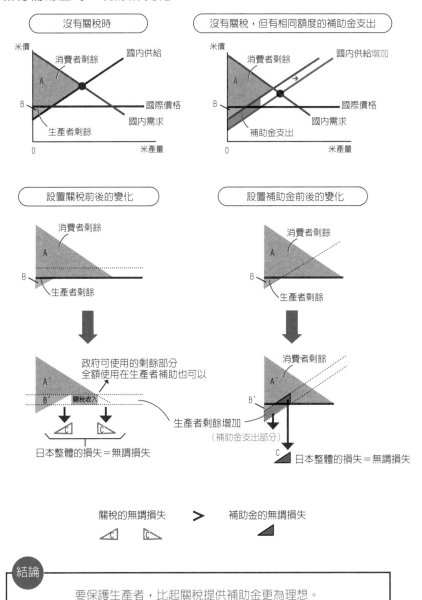

關稅的無謂損失　**>**　補助金的無謂損失

結論

要保護生產者，比起關稅提供補助金更為理想。

實際上，歐盟大多數的農家是「公務員」!?

針對農業又可以採取怎樣的保護政策呢？讓我們來看看實例吧。實際上，全球的農業現狀充滿著補助金與規則限制，離自由化還很遠。

與自由貿易相距較遠的市場之一是農業。以農業的關稅率為例，加拿大的奶油關稅為 30%、起司 245.5%，而歐盟的奶油關稅為 200%，美國的奶油關稅為 120%、脫脂奶粉 100%。日本對美國牛課徵了 28.5% 的關稅，而美國對日本和牛也課徵了 26.4% 的關稅。

歐盟中規模最大的英國穀物經營者（平均規模為 200 公頃），全國平均經常收益卻呈現 1 萬 5000 英鎊（1 英鎊 = 184 日圓，2015 年 9 月）的赤字，完全仰賴補助金。歐盟預算中占最大比例的實屬農業預算，種植穀物的農家補助金平均約為 5 萬英鎊。所以，**歐盟的農場經營者幾乎可以稱為「農業公務員」**了。

另外，美國則是由政府支付了小麥補助金的 62.4%、米的 58.2%（2011 年）。美國對出口的補助金，以米、小麥、玉米這三個項目來說，補助最多可以達到 1 年 4000 億日圓的程度。此外，再加上對其他國家的食物救助（實際上是針對美國國內農場的補助金）1200 億日圓，出口信用（對象國無法支付費用時，由美國政府負擔的制度）部分則又支出了將近 4000 億日圓。

歐盟與美國較沒有比較優勢的農產品為「砂糖」。製造砂糖最簡單的方式即是種植甘蔗，但是甘蔗屬於熱帶氣候的植物，位於緯度較高的歐美地區是無法種植的。不過，**歐盟反而是砂糖的出口國**，而美國進口的砂糖只是國內消費量的一部分而已。這是因為歐盟對於在寒冷地區也可以種植的甜菜提供了龐大的補助金，用以保護國內生產者。而美國國內的砂糖價格，約為國際價格 2 倍。

各國、地區的農業保護負擔額

	國（地區）內農業保護總額	農業生產額與負擔額比例
日本	6418 億日圓	7%
美國	1 兆 7516 億日圓	7%
歐盟	4 兆 428 億日圓	12%

（WTO「農業保護指標」2011 年）

直接支付（財政負擔）占農業所得比例 （《簡單易懂 TPP48 個誤會》農山漁村文化協會）		補助金占農場淨所得比例 （農林水產省「2012 年度歐盟報告書」）	
日本	15.0%	瑞典	545.9%
美國（整體）	26.4%	芬蘭	278.2%
小麥	62.4%	法國	179.7%
玉米	44.1%	德國	151.2%
大豆	47.9%	愛爾蘭	117.2%
米	58.2%	荷蘭	110.8%
法國	90.2%	英國	105.4%
英國	95.2%	奧地利	88.9%
瑞士	94.5%	波蘭	76.5%

歐盟數年度財政結構（2014 ～ 2020年預算）

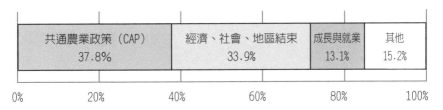

共通農業政策（CAP） 37.8%	經濟、社會、地區結束 33.9%	成長與就業 13.1%	其他 15.2%

0%　　　　20%　　　　40%　　　　60%　　　　80%　　　　100%

加上關稅、補助金的卡路里自給率與出口

卡路里自給率（2011 年，農林水產省）	
加拿大	258%
法國	129%
美國	127%
德國	92%
英國	72%
日本	39%

（鈴木宣弘、木下順子《簡單易懂 TPP48 個誤會》農山漁村文化協會）

因為補助金與關稅而開始扭曲的卡路里自給率[註 11]。與自由市場相去甚遠的農業市場。

貿易與生產者保護
5

日本的農業保護政策與糧食自給率

2015年度，日本的農林水產省關係預算約為3兆8000億日圓，其中針對土地持有人一律給予直接給付金，約有6814億日圓。

「糧食自給率[註11] 作為農業政策的目標是否適切？」

政府對今後的農業政策策劃了「糧食、農業、農村基本計畫」的方針。將以熱量（卡路里）為基準計算的糧食自給率目標，調降至 45%。自給率連續 4 年為 39%。日本農業的強項在於種植熱量低但營養價值高的蔬果，所以並不能說是明確地展現日本農業實力（卡路里自給率）的標的。

基本計畫皆是以提高自給率為目的的不合理政策。最典型的如計畫飼料米生產量 10 年後為現在的 10 倍。在國內飼養的牛或豬，所使用進口飼料的部分，將不予計入自給率。主要目標為增加國產飼料米，提高肉品的自給率。提供補助金給捨棄種植主食用米，轉而種植飼料米的米農，以保障其收入，這是屬於為了保障零星農場的策略。

以生產額為基礎的自給率，現在為 65%。問題是（含放棄耕作地）目前完全運作的國內農場地的生產方式，據說是以薯類為主要耕種植物，可以補足必要的卡路里。將來要杜絕糧食進口怕是不太可能，目前日本農業種植，與實際的國民飲食生活習慣相去甚遠。

（摘錄「讀賣新聞」2015.4.6）

不論日本生產出多少的牛肉、豬肉、雞肉、牛乳，農林水產省仍舊堅持「因為使用進口飼料養育，所以不列入卡路里自給計算」。

若是將日本生產的肉品，以「自給」計算，其數值如下表。

日本卡路里自給率（2014年）

	牛肉	豬肉	雞肉	蛋	牛奶、乳製品
食用肉的國產自給率	42%	51%	67%	95%	63%
剔除使用進口飼料部分的農水省計算方式	12%	7%	9%	13%	28%

（農林水產省「糧食供需表　2014 年度」）

糧食自給率會因考量不同而改變（參考右頁的「日本糧食自給率」）。

日本糧食自給率

（作者統計）

卡路里基準（農林水產省 2014 年）	39%
實際卡路里攝取量基準（厚生勞動省 2005 年）	53%
生產額基準（農林水產省 2014 年）	65%
農家的自家消費，把不合格未出品、丟棄份（相當於生產物的兩至三成）加入自給率時，實際的卡路里攝取量基準（2005 年）	超過 60%

> 全球浪費的糧食是全球糧食生產量的 1/3，約 13 億噸。日本的糧食浪費量是整體糧食消費的兩成，約 1800 萬噸。其中，賣剩的、過期的、吃剩的等等本來可以吃的「糧食損失」約為 500～800 萬噸。甚至超過了世界糧食救援對糧食短缺區域提供的量（2011 年約 390 萬噸）。
>
> （摘錄 聯合國糧食及農業組織「全球的糧食浪費與糧食丟棄」）

　　飯店自助餐廚餘的份量、便利商店或超市賣剩的便當、家裡超過食用效期的罐頭等等……除去這些，厚生勞動省以「實際卡路里攝取量」為基準的糧食自給量為 53%（2005 年）。

　　另外，(1) 超過 200 萬戶的農場、兼業農場、家庭菜園等等的自家消費份額（不賣給市場的農產品），與 (2) 兩至三成的規格外的農作物、或避免外觀不好而影響價錢的捨棄物，此兩項不列入自給率計算，但若將 (1)(2) 涵蓋在內，以厚生勞動省基準計算的自給率則會超過 60%。

總農場數量（2010年）

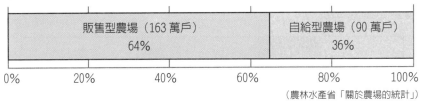

（農林水產省「關於農場的統計」）

　　讓我們來觀察農場的實際狀況吧。

　　自給型農場：不對外販售自己的生產物，以及可以視為大型家庭菜園農場的總數量約為 90 萬戶／253 萬戶（36%）。這些主要是在自家種植蔬果，送給親戚或鄰居的人們。

　　販售型農場：約為 163 萬戶／253 萬戶（64%）。30 公畝（3000 平方公尺）以上農地，或年販售額 50 萬日圓以上，皆屬於販售型農場。

日本農場的所得（2013年）

	農業所得	農外所得	年金等收入	總所得
①副業農場	39	146	225	410
②準主業農場	47	405	116	573
③主業農場	505	41	92	639

（農林水產省 2015 年公表 單位：萬日圓）

①副業農場，占 57%（79.8 萬戶）。是以年金生活為主的農場，為日本的主要農場。所得為 410 萬日圓（其中 225 萬日圓為年金，農業外所得為 146 萬日圓，而**農業所得是 39 萬日圓**）。

②準主業農場，占 22%（31 萬戶）。以農業外收入為主，農業大多為副業的農場。多數在農協、區公所或民間企業工作，週末才做農業的農場。（所得 573 萬日圓，主業 521 萬日圓，**農業所得 47 萬日圓**）。

③主業農場，（專業農場：從事農業 60 天以上，戶籍內有未滿 65 歲的成員）占全農場的 14.3%（2010 年）。所得 639 萬日圓（其中農業所得 505 萬日圓）。一般人對「農場」最典型的印象，是以未滿 65 歲的年輕人（？）為主運作的農場。

以下為農業從事者的年齡細項。根據上述的收入數據，日本的農業大多數是仰靠年金生活的人，利用閒暇之餘的活動。

農業從事者年齡

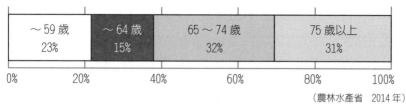

～ 59 歲 23%	～ 64 歲 15%	65 ～ 74 歲 32%	75 歲以上 31%

0%　　20%　　40%　　60%　　80%　　100%

（農林水產省　2014 年）

但是，出貨額還是主業農場占的比例較高，**日本農業實際上是由主業農場在支撐**（參考右頁圖）。高齡者，年間的勞動時間約為 8 週，主要集中在「稻田耕種」。

以日本來說，放棄耕作的土地面積約有 40 萬公頃（2010 年），幾乎與滋賀縣面積相同。

主業農場販售額比例

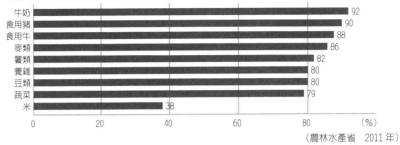

（農林水產省　2011 年）

全球總耕作地為 15 億公頃，其中休耕地 3 億公頃（2010 年）。全球的耕作地竟然多到有剩餘。

另外，若是從全球的角度來看，1950 ～ 2005 年間的人口約增加 2.6 倍，穀物（玉米、小麥、米）增加了 4.3 倍，完全呈現「人口成長率＜穀物生產成長率」的狀態。

比如說，法國直至 1950 年時約為 1 噸／公頃的小麥收成量，在 50 年間增加了 6 倍，到 21 世紀初期時已變成了 8 噸／公頃。會有這樣大的變化，主要是因為以工業手法填入氮氣的「化學肥料」開始普及。**導致全球糧食生產過剩，各國皆爭相推託，不希望多餘的糧食流入自己的國家。**

在美國，甚至將剩餘的玉米用來生產乙醇，以作為燃料使用。

以日本人平均每人的年平均米攝取量約 60 公斤左右來說，從 60 公斤的米中可以培養出的乙醇卻未滿 17.6 公升。以 1 公升的乙醇可以讓汽車跑 15 公里為基準，17.6 公升也只能跑 260 公里，可以說是非常沒有生產效率的。

維持一個生命個體所需要的能量，1 天要 2000 大卡。含無法自給自足的能量，日本實際消耗的能量平均每人每天約為 22 萬 8000 大卡（岩瀨昇《石油的「蘊藏量」是誰決定的？》文藝春秋），糧食卡路里只不過占其中的 0.88％。一旦發生「萬一」時，在確保食物之前社會生活將會先崩壞。

需求曲線呈水平時，即完全競爭市場

到目前為止，本書針對供需曲線的分析皆是以完全競爭市場作為前提。在完全競爭市場內，可能接受既定的價格。

在**完全競爭市場**中，所有的消費者與生產者都是價格接受者（請參考第 64 頁），對價格的影響力為零。

假設住家附近的超市，牛奶 1 盒賣 149 日圓，因為同時也會有其他的客人，所以即使不賣給你也可以。對於牛奶市場來說，你只是一個極小的存在，連 1 日圓的牛奶價格都無法動搖。

對於生產者來說也是一樣的。馬鈴薯的市場價格取決於買方與賣方的均衡點，各家農場的生產程度並無法影響市場價格。

因此，完全競爭企業（生產者）的商品需求曲線呈現水平狀。

舉例來說，北海道的 A 馬鈴薯農場，不得不接受市場認同的市場價格：1 公斤 75 日圓。因為定價若高於這個市場價格的話，馬鈴薯就賣不出去了（還有很多其他的賣家），也因此 A 農場面臨的需求曲線會呈現水平狀態。

馬鈴薯整體市場的需求曲線，與一般的需求曲線相同，是呈向右下傾斜的斜線（右頁中圖⑴）。另一方面，A 農場的需求曲線卻是水平狀的（右頁中圖⑵），這兩張圖的主要差異在於橫軸的販售量。兩相比較，馬鈴薯整體市場的平均銷售總數量為 245 萬 9000 噸，而 A 農場的販賣量卻只有 40 噸，只占整體市場的一點點而已。

勞動市場也相同。某地高中生在便利商店打工（純勞動）的時薪，在需求曲線上也呈橫向排列。既使打工的高中生希望自己的時薪能夠因增加工作時數而多 1 日圓，但時薪也不會增加。

完全競爭企業的水平需求曲線

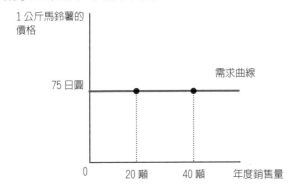

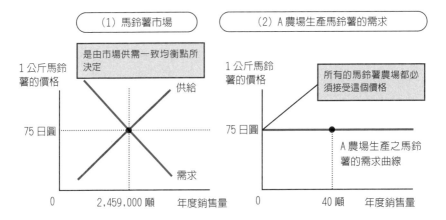

完全競爭市場的勞動需求曲線

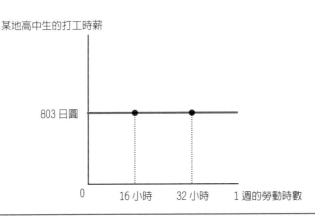

為什麼獨占市場不成立？（1）

與完全競爭市場相反的是獨占市場，也就是只有賣方或買方其中一方參加市場的狀況。

有在使用電腦的人都知道，曾經使用過的作業系統是 Windows 系統中的其中一個版本。Windows 的作業系統全球市占率幾乎超過 90%。

微軟公司擁有 Windows 的著作權，而電腦的作業系統幾乎由微軟公司獨占開發、販賣。

若是想要購買 Windows 作業系統，則必須接受微軟所開出的價格（日本大約 1 萬日圓左右）。微軟可以說是獨占了作業系統的市場。

針對微軟公司的經營，以完全競爭市場是無法說明的。

完全競爭市場成立的條件如同之前所提到的，必須滿足以下幾點：

（1）販賣的財（商品）、服務必須為同一物品。

（2）賣方與買方須為複數，並且皆為價格接受者。

（3）自由買賣，不論何時皆可以參加或退出市場。

（4）消費者與生產者皆充分瞭解商品的詳細資訊。

完全競爭市場的生產者必須為價格接受者，然而微軟卻擁有決定價格的權力，是**價格制定者**。微軟對於商品的價格擁有一定的決定力，是可以影響市場價格的存在。

微軟公司本身也是企業，因此目標也是追求利潤最大化。那麼微軟為何沒有將 Windows 的價格標在 10 萬日圓或 2000 日圓呢？

另外，政府在承認著作權的狀況下，為何又以「獨占禁止法」禁止獨占市場呢？

讓我們來分析與完全競爭市場完全不同的**獨占市場**吧！

四個市場

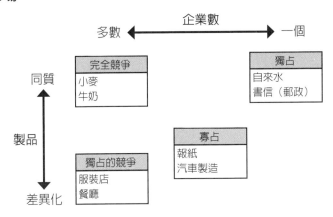

作業系統或搜索引擎的獨占案例

「美國司法部發表，終結與微軟公司長達 12 年的獨禁法訴訟」

1995 年 5 月，美國司法部與美國 19 州因為微軟公司利用獨占市場的立場，削弱其他競爭公司競爭力，而對其以侵犯消費者利益為由提出告訴。美國司法部發表文訴說「企業間的競爭應公平且透明化，讓消費者有更多的選擇」。

(摘錄「IT 媒體新聞」2011.5.13)

電腦軟體作業系統的全球市占率　　（「Ars Technica」2014.11）

「在網路搜索引擎方面有違反獨禁法的嫌疑」

歐盟的歐洲委員會向 Google 發出了「異議通知書」，主要以糾正其違反獨禁法行為為目的。Google 在搜索引擎設定，優先顯示 Google shopping net 的資訊，將不利於競爭對手的服務，並且侵犯了消費者的權益。若是確認違反獨禁法，最多可罰 60 億美金（約7240 億日圓）的罰鍰。

(摘錄「日本經濟新聞」2015.8.29)

歐洲搜索引擎的市占率　　（「日本經濟新聞」2015.4.16）

為什麼獨占市場
不成立？（2）

成為獨占市場的原因之一是參與障礙，然而也有很多造成獨占，或與
之相近的狀態的其他原因。

獨占市場的成立，如下述大致可分為四大項：

（1）資源獨占

在南非壟斷鑽石行業的戴比爾斯（De Beers）公司，即是獨占市場中
有名的案例。

以 1 年舉行 10 次的「Sight（看貨會）」販售方式，將來自世界各地
的鑽石原石提供給市場。能夠參加這個 Sight 的資格者稱為「Sight
Holder（看貨人）」，是由戴比爾斯公司決定。全球僅 100 間左右的公司
具有購買資格，在日本也只有 TASAKI 公司具有看貨資格。戴比爾斯公
司利用調整原石供應量的特殊系統，讓鑽石高價值維持了 1 世紀以上。

> **戴比爾斯公司廣告文宣**
> 「鑽石恆久遠，一顆永留傳 Diamond Is Forever」
> 「結婚戒指是 3 個月的薪水」
> 「Sweet Ten Diamond」

（2）自然獨占

指的是「大規模經濟」運作的市場。電力或鐵路等需要龐大設備的產
業，想要從零開始加入市場所需要的成本太高，即使成功加入市場也無
法在既存企業面前耍大刀。結果，成功擴大生產規模的企業，經由「大
規模的經濟」洗禮發展越大，而小企業則遭淘汰。

2016 年 4 月開始，日本開放家用電力供給的選擇自由。過去，家庭
用電是由國家選定的一般電力業者（東京電力、關西電力等 10 間）獨
占提供。從現在開始將有更多的電力業者加入市場，讓日本國民可以自
由選擇電力供給公司。

(3)專利、著作權、設計權等的獨占

　　製藥公司，可以對自己開發的新藥品所擁有的有效成分，以及製作方法申請專利，並可在 20 年的期間內獨占這款藥品製造、販賣的權利。

　　但新藥品開發需要相當龐大的資金，例如，武田藥品工業的研究開發費用，在直至 2014 年的 3 年間就花費了 1 兆日圓。

　　根據日本製藥工業協會統計，新藥品的開發約莫會花 9 ～ 17 年的時間，並且成功率幾乎只有三萬分之一。而大型藥品的開發費用則高達 500 ～ 1000 億日圓。政府藉由認可開發成功公司，獨占商品的高價格與利潤，創造製藥公司研究開發的誘因。

> 「iPS 創藥正式開發 與武田、京大共同研究 花費 200 億日圓」
> 　　京都大學 iPS 細胞研究所（山中伸彌所長）與武田藥品工業於 17 日發表，締結使用 iPS 細胞的共同研究契約。大學研究者帶來構思，融合企業的實用研究，提高日本製藥產業在國際間的競爭力。雙方的合作期待能增加研究開發的效率。
> （摘錄「日本經濟新聞」2015.4.18）

(4)製品差異化的獨占

　　最典型的品牌案例就是「可口可樂」公司，沒有專利但是為了預防相同產品的出現，因此將成分的比例設定為企業機密。

　　另外，義大利知名高級跑車法拉利的汽車生產商，則依據自家公司政策制定販售量與價格。

> 「法拉利賣的是夢想 產量減少至 7000 台以下 」
> 　　義大利高級跑車法拉利製造公司的代表人蒙特澤莫羅（Luca Cordero di Montezemolo）於 8 日發表：為了提高品牌的稀有價值，高級法拉利的產量今年將減少至 7000 台以下。蒙特澤莫羅說：「法拉利的數量限定是商品價值的基本，我們賣的是一個夢想」。
> 　　公司於 2012 年創下了 66 年來營業利益的最高紀錄。油電混合動力車「La Ferrari」定價超過 1 億 5000 萬日圓，限量 499 台，想要購買的人卻依舊絡繹不絕。
> （摘錄「日刊運動」2013.5.10）

　　而現實存在的市場並非完全的獨占，而是事實上的獨占，也可以說是獨占的市場。

獨占市場的需求曲線

獨占企業，比起競爭均衡生產量，選擇的是低生產量。
讓我們來分析它的理由。

先畫出獨占市場的供需曲線。

首先是需求曲線。在完全競爭市場的狀態下，相對於整體市場，由於公司本身的生產量較少，因此企業面臨的需求曲線會呈水平狀態（參考第 110 頁）。

另一方面，獨占企業是一個產業。假設馬鈴薯市場上只有一間公司生產，那麼產業整體的需求曲線也等於這間公司的需求曲線。如果獨占企業的價格提高，則消費者的購買量會減少。相反地，若是獨占企業的販售量減少，那麼商品的價格就會提高。

接著是供給曲線。其實，獨占企業是沒有供給曲線的。如同先前第68 頁以後所說明的，供給曲線是在接受被賦予的價格＝價格接受者的前提下，合計各家生產者認為可以提供的量之總和。而獨占企業則是自己制定商品價格的價格制定者，並且在市場上也只有一間公司存在，於是也有決定商品量的權利。

因此，**完全競爭市場是「邊際成本曲線＝供給曲線」，而在獨占企業的狀況下就只有自家公司的邊際成本曲線而已。**

當市場呈現獨占市場時，生產量 Q 一旦變化，市場價格 P 就會沿著需求曲線變化（參考右頁下圖），這就是獨占企業的價格支配力。

假設選擇生產量 Q 的話，收入＝P×Q 的長方形部分。改變生產量 Q 時，長方形的面積＝收入的部分也會隨之變化。關於長方形 P×Q，成本花費是右頁下圖中的 ■■ 部分（邊際成本總和）。收入減去成本開銷後得出利潤。獨占企業即是依據將這個部分變大，從而決定生產量 Q。

完全競爭市場與獨占市場的需求曲線特徵

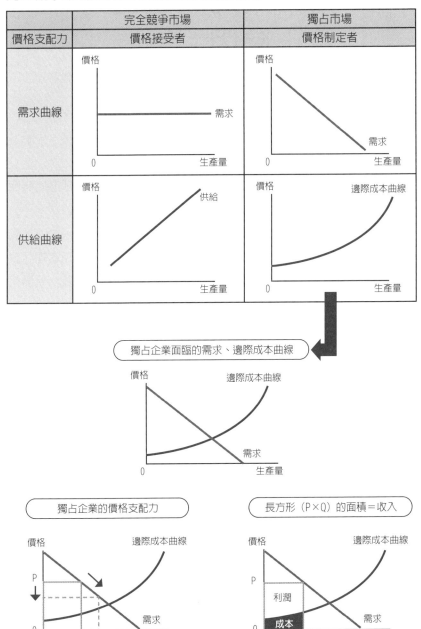

獨占成為問題的真正原因

讓我們以生產者剩餘來分析，對獨占企業來說最合適的生產量。

獨占市場的企業，會優先選擇將生產者剩餘最大化的供給量，再配合供給量決定價格。

比如說將生產量壓縮至右頁下圖中的 C 點以下，那剩餘的部分比起自家公司的邊際成本曲線與需求曲線的交點 A 還要小。在這樣的狀況下公司會虧損，所以不列入考慮。這時，企業將會選擇自身利益最大的 B 點（參考右上圖），因為圖中的生產者剩餘明顯比 A 點還要大。在這裡可以發現獨占市場的價格與交易量，和競爭均衡生產量的 A 點相比：「價格較高，交易量較少」。

最大利潤點

完全競爭市場「**價格＝邊際成本**」 獨占市場「**價格＞邊際成本**」

那麼與 A 點相比，B 點的總剩餘又是如何呢？生產者剩餘增加，但是卻發生無謂損失，於是社會整體的總剩餘漸少。如此可見**獨占市場導致問題的是：無謂損失的發生，讓社會整體的損失變大**。

與其說是有達到效率的水準，不如說這樣的生產量太少。換句話說，獨占企業「賺太多」並不是問題。不論是獨占市場，還是完全競爭市場皆相同，實際上皆是不存在的。這兩者所扮演的角色，彰顯了假設在最能發生作用與最糟的狀況下為基準，市場機制所能發揮的特性。

獨占市場帶來的問題不是「獨占企業大賺，一般人的生活因高價商品帶來困擾，豈有此理」之類的直覺不平等論調，而是社會整體可以分食的餅變得越來越小，而且無效率。

獨占市場狀態下，發生社會整體的損失

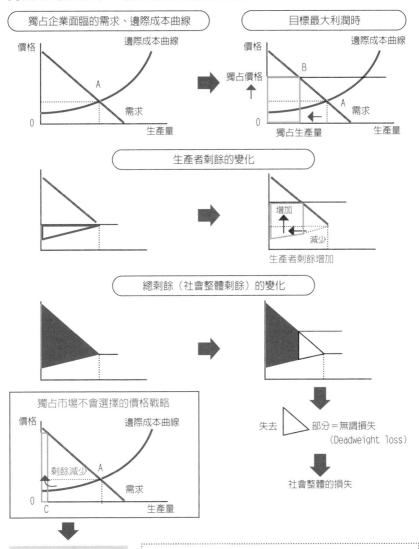

獨占企業面臨的需求、邊際成本曲線

目標最大利潤時

生產者剩餘的變化

生產者剩餘增加

總剩餘（社會整體剩餘）的變化

獨占市場不會選擇的價格戰略

失去　部分＝無謂損失
　　　　　　（Deadweight loss）

社會整體的損失

這也就是微軟公司沒有將 Windows 系統價格設定在 10 萬日圓的理由（請參考第 112 頁）。
不論價格過高或過低時，微軟公司的總剩餘都會減少。

賣方獨占市場時，獨占的企業（供給方）為了得到最大利潤會提高價格，並且減少販售數量。由於沒有其他的賣方（供給方），消費者（需求方）只能接受高價，或是想買也買不到。
（摘錄「最新政治、經濟資料集 2015」 第一學習社）

購買者獨占的案例：「農業協同組合聯合會」

生產者獨占案例是實際存在的，但是購買者獨占的案例又是如何呢？
政府製造市場就有這樣的案例存在。

北海道約有 6900 戶的酪農場，負擔了日本國內牛奶生產的五成以上（2014 年），其中的 98% 購買量是由特定團體「農業協同組合聯合會（ホクレン）」所獨占。

農業協同組合聯合會 1 年農作物的交易量約為 1 兆 375 億日圓（2014 年），在北海道沒有不經過農業協同組合聯合會的農作物交易。一般企業被獨占禁止法所約束，然而農業協同組合聯合會則在約束以外。全日本由農林水產省指定的「十個團體」，在各地區獨占購買生乳，其中有九成以上產量皆流向這些團體。

北海道的生乳多數被加工製成起司或奶油。加工用的牛奶比飲用的鮮奶價錢便宜，並且生產加工用牛奶的農場可以接受國家的補助金（180 萬噸為限，1 公升約 12.8 日圓）。獲取補助金的條件是，原則上必須將全部的生產量委託給農業協同組合聯合會。

政府的政策是，藉由限制生產效率高的北海道流入其他都府縣的牛奶產量，以保護其他都府縣的酪農業（同時優待北海道農場內擁有加工工廠的牛乳業製造商）。而實際上，奶油用加工牛奶在北海道生產的比例超過九成以上。

但是，這樣的系統並沒有辦法滿足生產者。2015 年 4 月之後，一部分的鮮奶生產者與群馬縣伊勢崎市的鮮奶批發「MMJ（Milk、Market、Japan）」公司合作，向許多北海道以外的製造商出貨。製成飲用的鮮奶時，預計可以提高交易價格（讓酪農場的收益上升 10%）。

※ 農林水產省開始檢討，並將指定團體自十個減少至三個，其目的在建立能與大型牛奶製造業間的價格交涉力。

購買者獨占的北海道鮮奶市場

牛奶（生產量 733.4 萬噸）的產地（2014 年度）

| 0 | 20 | 40 | 60 | 80 | 100(%) |

其他都府縣　48%　　北海道　52%

幾乎全部產量（98%）流向農業協同組合聯合會

（農林水產省「2014 年牛乳乳製品統計」）

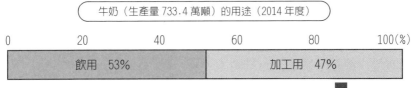

牛奶（生產量 733.4 萬噸）的用途（2014 年度）

| 0 | 20 | 40 | 60 | 80 | 100(%) |

飲用　53%　　加工用　47%

北海道產的牛奶，幾乎都是加工用

（農林水產省「2014 年牛乳乳製品統計」）

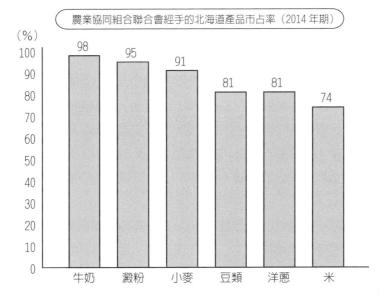

農業協同組合聯合會經手的北海道產品市占率（2014 年期）

（農業協同組合聯合會「主要項目經營市占率」）

獨占市場的弊處：
發生奶油不足的原因

近年來，日本每年都會因「奶油量不足」，讓政府祭出漲價或限制購買
等方針。但發生這樣的問題，其主要原因在於「購買者獨占」的結構。

加工用的牛奶量沒有減少，但是卻發生食用奶油供應量不足，其原因
之一在於「起司補助金」。

農林水產省為增加日本國產起司，在 2011 年度後的「牛奶供給安定
對策事業」中，開始實施提供起司製造業者或起司酪農場 1/2 的補助
金；並於 2014 年 4 月開始，針對起司用牛奶給付 1 公升 15.41 日圓的
補助金，最多可以補助 52 萬噸。

因此，起司製造業者將加工用牛奶優先轉向製作「起司」用途（至同
年 9 月的半年間，比前年增加了 4%）。換句話說，目的在領取補助金
的製造業者「做了很多起司，導致奶油用的牛奶量不足」，於是農水省
緊急自國外進口奶油。

奶油的進口業務，**由農畜產業振興機構獨占**，適用特殊的關稅分配制
度。該機構擁有藉由斟酌國內的需求、價格動向，來決定進口奶油的數
量與時間的權力，而且只有此機構指定的進口業者才能參加投標。

進口業者請此機構購買奶油，由農林水產省大臣認定加上 1 公斤左右
最高 806 日圓的進口差額（提高標價）後，支付費用。結果，進口國際
價格 1 公斤 400 日圓的奶油，加上關稅（稅率 29.8% +1 公斤 179 日圓）
與提高標價的部分 806 日圓，合計為 1504 日圓。進口後的價格為國際
價格的 3 倍。

2012 年度日本的奶油進口量為 4000 噸，農畜產業振興機構獲得的進
口差額（使用於補助酪農家）約 23 億日圓。實施緊急進口的 2014 年，
進口量為 1.3 萬噸；2015 年的奶油供給預期約為 6.48 萬噸，需求 7.47
萬噸（J Milk 調查），明顯供不應求。

沒有減少的加工用牛奶產量

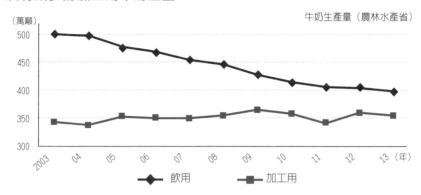

牛奶生產量（農林水產省）

400日圓/公斤的進口奶油變成1504日圓/公斤以上，其背後的秘密

奶油市場的獨占結構

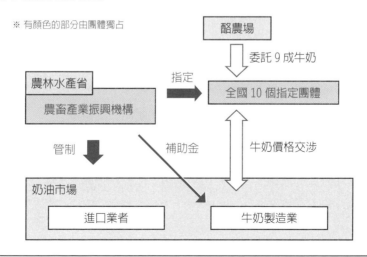

差異化是
獨占競爭市場的特色

實際存在的大部分市場，是同時具有完全競爭市場和獨占市場兩方要素的，其中最具代表的為「獨占競爭市場」。

大型購物商場的美食街有著各式各樣的餐飲店，如販售中華料理、義大利麵、烏龍、蕎麥麵、漢堡和披薩等等。

這個市場是針對相同顧客的競爭市場，但商品或服務卻又有差異，而且商品的價格也由店鋪各自設定，這樣的市場即被視為「**獨占競爭市場**」，擁有下列特質：

(1)**數個競爭對手**

以相同的顧客為對象互相競爭，同時有數個企業存在。例如，大型購物商場中有各式各樣的服飾專門店、大型美食街，知名的海邊度假勝地則有許多不同的飯店等。

(2)**可自由參加、退出**

不論何時皆可參加、不論何時皆可退出。當夏威夷薄餅受到大眾歡迎時，就會有看準利潤的其他商家參加這個市場的競爭。另外，也會有判斷「長期下來無法獲得利潤」而退出的公司。

(3)**差異化**

差異化是獨占競爭市場最為核心的部分。例如餐飲店的種類，多以日式、西式或中式為主的店家，在各自的店裡提供許多種料理，這就是獨占的意思。賣方在某種程度上可以自由決定商品的價格。

依照消費族群的喜好，針對目標客群提供與其他公司不同的商品，考量如餐飲店的特色化；服飾店的銷售對象、性別、經營種類取向的特色化；汽車製造商所製造各式各樣的車種、店鋪所在地、品質、服務等內容，創造出專營的市場。

獨占競爭市場

(1) 數個競爭對手	以相同的消費者為對象，數個企業相互競爭。
(2) 自由參加、退出	不論何時皆可參與或退出市場。
(3) 差異化的商品	生產不同的商品，價格制定者。
①設計或總類	餐飲店、服飾店、汽車、書籍……
②位置地點	加油站、洗衣店、美容院……
③品質	包包、腳踏車、襯衫、手錶……

	完全競爭	獨占競爭	獨占
價格制定者	×	○	○
價格	價格＝邊際成本	價格＞邊際成本	價格＞邊際成本
總剩餘的最大化	○	×	×
企業數量	多數	多數	1

差異化

連鎖咖啡店		←　商品的特色化　→		
↑ 與其他店的差異 ↓	星巴克	豆乳拿鐵	星冰樂	……
	Tully' s coffee	巧克力拿鐵	宇治抹茶拿鐵	……
	Komeda 咖啡	蜂蜜冰淇淋咖啡	原味咖啡凍飲	……
	Doutor Coffee	椹果拿鐵	麥子拿鐵	……

新加入

「美國人氣咖啡店『藍瓶咖啡』登陸日本」

2014 年，在舊金山、紐約、洛杉磯等城市開設 14 間店舖的「藍瓶咖啡」開始進駐日本。其特色在追求「好喝」的咖啡，特別嚴選咖啡豆，只使用烘培後不超過 48 小時的豆子。不論哪一間店舖，都只使用自家店內烘培機烘培的咖啡豆，用心沖泡出一杯杯咖啡。

（摘錄「FASHION PRESS」2015.3.7）

掃地機器人的市場與差異化

掃地機器人市場，自 2002 年 Irobot 公司的「Roomba」開始販賣以來，由於其他公司相繼參加，市場規模急速擴大。除了初期的圓形，進階到 D 型或三角形，藉由設定出各式各樣的外型、機能，用以將商品特色區別。

Irobot 公司的圓形　　Vorwerk 公司的 D 型　　Panasonic 的三角形

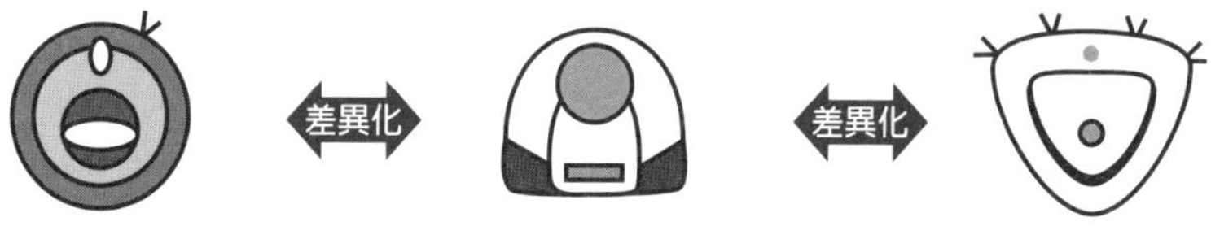

廣告效果與品牌戰略導致差異化

企業，通過行銷使自家產品特色化；而行銷最為代表性的手段則為廣告與品牌管理。

(1)廣告

雖然說並沒有馬鈴薯農場上電視廣告的案例，但是從罐裝咖啡、智慧型手機到自用車，以及住宅、大樓的建設公司等，每天都可以在電視上看到這些商品的廣告。

企業打廣告，是為了確保某種程度上的市場支配力。企業向消費者們展現自家公司生產的商品，與其他公司所生產的商品的不同，以及優於其他商品的地方。有時會請國內外知名的明星代言，花費幾億的資金打廣告。企業願意支付這樣龐大的費用打廣告，代表這個企業成功轉為大規模，並且對自家商品品質非常有自信。

(2)品牌

速食店、咖啡店、連鎖飯店或百貨公司高級精品的名稱，這些都能夠區別自家公司與其他公司的產品和服務內容，並將其特色化。冠上高級精品的品牌，對消費者來說就有特色，又比如可口可樂的品牌名，對企業來說就是最大的資產。

在超市或藥局內，即使內含物相同，知名品牌的商品仍舊比其他品牌來得貴；又例如，到一個從沒去過的地方旅行，比起價格或服務內容都不熟悉的個人經營飲食店或飯店，我們更會選擇較為熟悉的連鎖店。

品牌名能夠傳達某種程度上的商品與服務資訊。

另外，冠上品牌同時也為這個商品奠定「必須維持品質和名譽」的保證。擁有品牌的企業，是要與顧客建立長期且持續的關係，而不好的評價會對自家商品產生全面性、長期的損害。

超過報紙廣告量的網路廣告

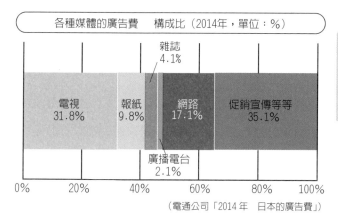

各種媒體的廣告費　構成比（2014年，單位：%）

| 電視 31.8% | 報紙 9.8% | 雜誌 4.1% | 網路 17.1% | 促銷宣傳等等 35.1% |

廣播電台 2.1%

（電通公司「2014年　日本的廣告費」）

最近的廣告市場，雖然仍舊是由電視廣告占領先地位。然而網路廣告已經超過了報紙、雜誌等過去慣用的媒體，直追在後。

品牌價值超過14兆日圓的蘋果

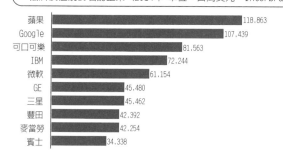

品牌價值前10名的企業（2014年　單位：百萬美元、Interbrand）

蘋果	118.863
Google	107.439
可口可樂	81.563
IBM	72.244
微軟	61.154
GE	45.480
三星	45.462
豐田	42.392
麥當勞	42.254
賓士	34.338

全球品牌價值前10名的有蘋果、Google和可口可樂等公司，是普遍耳熟能詳、深入人心，而且信賴度極高的品牌。

廣告直接關係到商品品牌的人氣與知名度

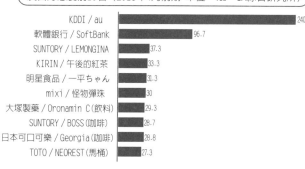

廣告好感度前10名（2015年4月前期　單位：‰、CM綜合研究所）

KDDI / au	240
軟體銀行 / SoftBank	96.7
SUNTORY / LEMONGINA	37.3
KIRIN / 午後的紅茶	33.3
明星食品 / 一平ちゃん	31.3
mixi / 怪物彈珠	30
大塚製藥 / Oronamin C（飲料）	29.3
SUNTORY / BOSS（咖啡）	28.7
日本可口可樂 / Georgia（咖啡）	28.8
TOTO / NEOREST（馬桶）	27.3

商品品牌是獲得消費者信賴，以及維持價格所不可或缺的。廣告直接關係到品牌的人氣與知名度，各企業在廣告上皆編列龐大的預算。

市場失靈 1

政府的必要性（1）
不完全競爭市場

將經濟交給市場機制的結果，發生無法達成經濟上的效率性之現象，稱為「市場失靈」。這時，政府的適時介入是必要的。

市場有效且毫無浪費地分配全部有限的資源，帶來最大效率＝最大的大餅。

但是在某種狀況下，無法做到資源的有效分配，這被稱為「**市場失靈**」，獨占市場為其中之一。這時，就必須要有**政府的適時介入**，「看不見的手」的運作是需要政府的。

「市場失靈」代表案例

①不完全競爭市場（獨占市場等）

②外部性（外部不經濟）

③資訊的不對稱性

④公共財

⑤共有財

①不完全競爭市場（獨占市場等）

關於獨占市場的無效率性，在第 118 頁已經說明過了。獨占企業會降低消費者剩餘與經濟的效率性，因此各國皆有規定禁止這樣的行為。如日本的「**獨占禁止法**」，美國則是「**反托拉斯法**」。

②外部性（外部不經濟）

外部性，是指在某個市場的經濟活動，卻影響到與這個市場不相關的第三者。正面影響稱為「外部經濟」，而負面影響（公害等）則稱為「**外部不經濟**」。

市場的效率性與市場失靈

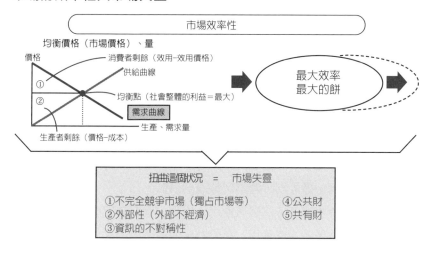

不完全競爭市場的案例與獨占禁止法

「被限制自由競爭的領航員……公正交易委員會命令排除」

　　針對搭乘船舶時帶領航行與登陸的領航員的自由活動限制令，公正交易委員會以違反獨占禁止法的嫌疑，對東京灣水路領航員提出排除措施命令。

　　同一團體的領航員們以輪班制方式分配工作，為了避免收入的差異而先將費用寄放給團體，再依照人數平均分配，利用這樣的方式限制領航員的自由競爭。

（摘錄「讀賣新聞」2015.4.15）

美國的反托拉斯法

休曼法案	卡特爾行為　獨占行為
克萊頓反托拉斯法	價格差異　企業併購（M&A）
聯邦貿易委員會（FTC）法	不公正的競爭行為　欺瞞行為

外部性的優點與缺點

正面＝外部經濟	・電視播放大豆或香蕉的健康效用，商品業績增加，相關商品很快完售。 ・新車站的開設，使得車站前的商店與不動產活躍。
負面＝外部不經濟	・北京空氣污染（第 27 頁） ・新道路開通導致噪音問題 ・建設公寓導致周遭居民日照權遭侵害

政府的必要性（2）
外部不經濟與公害問題

外部不經濟的典型案例：公害。日本的高度成長期曾發生過四大公害，對人體健康造成嚴重的損害。

當公害發生時，例如工廠煙囪排放含有有毒物質的廢氣，或工廠排出含汞等重金屬的廢水等，這些污染飄向空中，或流入河川、海水危害水資源和水中生物，進而對人體造成嚴重的損害。

負擔這些健康受損的人的醫療費用＝損害，稱為**外部成本**。

資源耗費在處理污染的費用、實際的醫療費或藥品，以及醫護人員的勞動時間、被害人就醫時間等費用。

事實上，企業在生產過程中，本來就應該要先將排除有毒物質或相關廢棄物的費用涵蓋在商品的價格內。

比如說，某樣製品的價格為 5000 日圓，製造原價（**私人成本**）為 3000 日圓。但是公司在生產商品的過程中將污水排入河川，而這個市鎮村淨化受污染的河川，每一單位需要花費 1000 日圓。這時對於企業來說，**環境污染對策費用的 1000 日圓是屬於與自己的製品價格無關的外部成本，因此不含在商品的製造原價內**。以日本水俁病事件為例，當時 Chisso 公司實際負擔的對策費用 1 年約 1 億 2300 萬日圓，而損失額卻高達 1 年 126 億 3100 萬日圓（地球環境經濟研究會編《日本的公害經驗》合同出版）。

類似這樣的案件狀況，製品的生產會過多。企業不得不負擔污染的費用，因此供給曲線應該會變成右上圖的 s0。在企業不編入外部成本的狀況下，供給曲線中的供給量為 q1，本來的均衡量會超過 q0。

反而浪費了本來應該使用在其他製品或其他企業的社會資源（原料或作業員），和消費者的時間以及醫療費用。

於是，企業方開始將環境污染對策費這項外部成本列入企業內部私人成本＝公害對策費用。

1973 年，日本成立了「公害健康被害補償法」，規定企業根據污染物質排放量負擔對被害者的補償費用，政府將外部不經濟列管為生產活動的一部分。

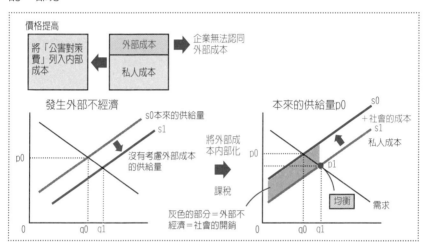

在國外，導入了對都市中心部分道路課徵道路收費（Road Pricing），實行因應交通擁塞和環境的對策。

日本每人因為交通擁塞而損失的時間約 40 小時／年，日本整體失去了 50 億小時，相當於 280 萬人份的勞動時間，換算成金額則超過 11 兆日圓（國土交通省）。日本交通擁塞總時間達車子移動總時間之四成，是歐美主要都市的 2 倍。藉由政府的介入，達到適當的均衡，為日本的經濟帶來極大的好處。

外國都市的道路收費(Road Pricing)　　　　（東京都環境局統計資料）

都市	新加坡	倫敦	寮國	首爾
開始時間	1998 年	2003 年	1990 年	1996 年
減少台數效果	15%	乘用車 30%	5～10%	13.6%

道路收費，即針對汽車使用者在特定的道路、區域、時間內課徵稅金，試圖緩和交通擁塞與改善大氣環境。

政府的必要性(3)
資訊的不對稱性

至目前為止，我們所分析的需求者與供給者，是以互相持有對等的資訊量為前提。而實際的狀況是，雙方並無共有、充分的資訊。

完全競爭市場成立的條件之一：不論消費者或生產者皆瞭解關於商品的資訊。

但實際上，生產者對於自己的商品擁有詳細的資訊，而消費者卻不太清楚。以房屋為例，只要將住家的外表稍作整理，一般人是無法判斷內容（牆內）實際是怎樣的狀況；若是建商偷工減料，單看外表也是看不出來，這樣一般消費者是無法安心購買房子的。

於是，為了填補消費者與生產者間資訊的鴻溝，在建築基準法中設定了耐震基準等類似條款，以條款約束製造商，讓消費者可以安心購買。類似這樣的案例還有很多，如汽車、工業製品，或醫療藥品、食品的安全等，都建立了許多標準與規範。

同樣地，當商品為服務時也一樣。醫生或藥劑師需要有國家認證的證照資格才能營業，而擁有證照資格與否，則是消費者判斷這個人是否有確實的醫療技術，以及是否擁有藥劑知識這些資訊的重要憑證。

若沒有這樣的規定，任何人都可以執行醫療行為的話……消費者的權益將受到侵害；律師、稅務代理人[註12]、公認會計師等也都需要證照。

另外，生產者與消費者間的契約，也是以資訊的不對稱性為前提，因此是在可以解約的前提下修整條款。對於特定商品交易法的「契約審閱期」，也是解約制度中的其中一種。

以上幾項，都是政府部門為了填補生產者與消費者間，對於某些專業知識和資訊的不對稱性，讓國內外的市場交易可以更為順利進行所實行的制度調整。

　　另外，針對違反上述規則，將不適當的商品提供給消費者，使消費者權益受損之業者，則採取以行政或判決制度處以刑罰懲處。

　　政府可以利用「各種證照、規格、基準、認證制度，或損害賠償制度等公家規定」介入市場，讓市場的交易能更順利運行，達到有效的資源分配。

資訊的不對稱性

填補資訊不對稱性的政府的角色

法律	建築基準法、食品安全衛生法、保險法、個人資料保護法 消費者保護法（審閱期）……
國家證照	醫生、藥劑師、護士、會計師、稅務代理人、律師……

特定商取引法的對象

（1）訪問販售

（2）通信販售

（3）電話勸誘販售

（4）連鎖販售交易（直銷）

（5）特定持續性勞務服務（語言學校、補習班等）

（6）業務提供勸誘販售交易（評論員、副業）

（7）訪問購買

特定商取引法的主要目標群是：消費者與生產者之間，因資訊不對稱較容易造成問題的交易。

消費者契約法

第一條

本法鑑於**消費者與事業者間，因資訊之質及量暨交涉談判能力之差距**，藉透過因事業者之一定行為導致消費者發生誤認或困擾，得撤銷契約之要約或其承諾之意思表示。

※ 底線部分即為資訊的不對稱性

政府的必要性（4）
公共財

市場失靈的第四項為公共財。讓我們來看看與私有財不同，既沒有競爭性，也沒有排除性的公共財特質吧！

・公共財的特質①→無競爭性

相對於有競爭性的私有財（右上圖Ⓐ）與Ⓒ公共資源，Ⓓ公共財是沒有競爭性的。不論是誰消費這個商品或服務，其他人可以消費的量也不會減少，例如國防或堤防等設施，即使只是某個人接受到這項服務，對其他人來說還是可以享受相同的服務。這樣的特質，稱為無競爭性。

・公共財的特質②→不可排他

圖表Ⓑ的集團財、準公共財，代表的是收費電視或收費道路，有付費的人才可以使用，可以排除其他未支付費用的人，屬使用者付費，公家機關不需再另外負擔費用。另一方面，一旦提供了公共財，是無法藉由有沒有支付費用，或是支付了多少費用來排除其他人的。

比如說：政府建造堤防，那麼住在附近的所有人都受到避免淹水的好處。無法排除沒有支付報酬的人，即稱為不可排他性。

擁有這兩種特質的財、服務稱為公共財。

國防、司法、警察等公共服務，或是道路、公園等皆屬於公共財，是**民間企業無法提供**的。

私有財的需求曲線，如同在第 76 頁說明過：是所有需求量的總和。在這樣的狀況下，呈橫向加乘。

另一方面，公共財即使某個人消費過一次也一直存在，因此其他人也可以同時消費相同的內容，量都是相同的。

提供建造堤防、下水道等設施，建設完成後並不會消失，附近居民同時使用相同的服務。因此，這時的需求曲線是將每個人「願意支付」的金額縱向相加。

區分四種財有無競爭性與排他性

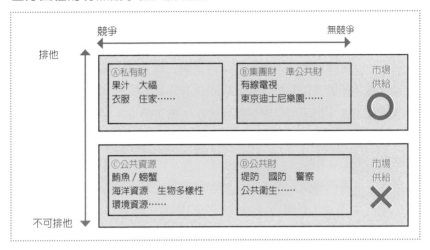

私有財的需求……橫向相加

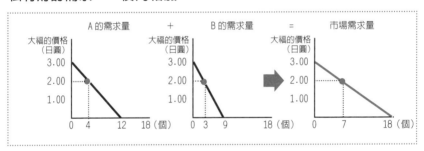

公共財的需求……縱向相加

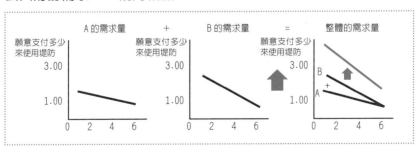

果汁、飲料等私有財是消費者依據自己的喜好，以及自己想要的數量購買。但是公共財只有一個，這時假設有三戶人家提出對建設堤防提供資金，那麼費用的部分則由這三戶互相溝通平均分攤。

但是，如果倫敦泰晤士河的下水道整備，原本應該要由各地區幾萬人各自申告「願意支付的金額＝成本效益」來決定價格，但實際上卻有實施的困難。就「為了可以喝到乾淨的水，預防傳染病」這層意義上不論是 A 地區或 D 地區皆相同，但是接受這項好處的每一個人「對金額的主觀感受」卻各不相同。

另外，考慮到每個人將依照自己申告的價值支付金額，於是每戶負擔增加，產生了「比起真正能夠享受到的便利，申報較低的金額負擔較少」這項誘因。

因此當有幾萬個人時，就必定會有想要依賴其他消費者，並報出比自己「主觀感覺的金額」還要低的人存在（想盡量支付最少金額是極為合理的選項）。若是每一戶都有這樣的想法而申報較少的金額，那麼整體的需求曲線就會向下移動。

隨著時代變遷到未來的世代時，當地居住人口結構將會再度變化。於是，將會有認為「我們家其實不需要這樣的公共財」的人出現。說出這話的人，其需求曲線為零。

這是由「因為所有人都接受相同的服務，那麼自己也可以免費使用吧」（這也是合理的）這樣的想法驅使，這種狀況稱為 Free Rider（搭便車）。國防、警察或公共衛生等公共財一旦提供了，就無法避免搭便車問題的發生，即使受到消費者免費使用，生產者也束手無策。

這也是為什麼民間業者不願提供英國泰晤士河下水道的整備服務的原因。

於是，提供的公共財低於最適當水準，最後變成「需要的人支付必要的金額」的**私有財之觀念＝市場機制，是不會提供最適當量的公共財。**

泰晤士河的堤防與下水道設備之案例

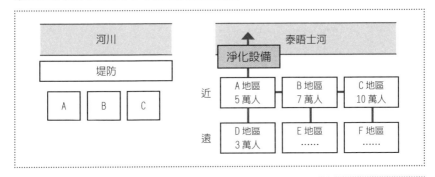

19 世紀半葉的倫敦約有 250 萬人口，是當時世界最大都市。人人皆排放污水，最終都流入泰晤士河，河川因此產生惡臭，並引發了霍亂、斑疹傷寒等傳染病。由於住在河邊的居民飲用水是來自與泰晤士河相連的井水，因此當時這個區域的霍亂致死率是其他地區的 6 倍以上。

下水道系統並不是由民間企業提供。在 1858 年大惡臭發生後，國會終於認可下水道系統的建設。

於是 1865 年建設完工後，周邊城市煥然一新。霍亂、斑疹傷寒等傳染病完全消失，倫敦市民的平均壽命延長了 20 年。

（摘錄　克魯曼《個體經濟學》東洋經濟新報社）

低於最適水準的公共財供給量

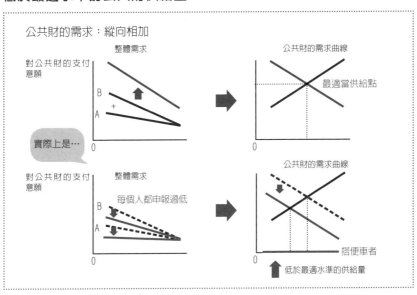

政府的必要性（5）
公有地悲劇

如同公共財會發生搭便車的問題一般，公共資源也很難公平利用。因為濫捕引發問題的事件層出不窮。

中世紀的英國，每個村莊都有「公有地（Commons）＝沒有圍欄的公有牧草地」，在這個區域內不論是誰都可以自由放牧。追求私人利益的牧羊人，在為了能有更多的利潤這層誘因驅使下，理所當然地增加牧羊的數量。然而，當大家都自顧自地追求自己的私人利益，最後卻導致公有地的牧草匱乏，這就是有名的「**公有地悲劇**」。

對於任何人都可免費使用的資源，每個人都會爭先恐後地取用，直到資源匱乏為止。英國一直到 17 世紀實施「圈地運動」，開始將土地視為私有財，各家皆利用圍欄將牧草地圍起來，英國公有地過渡放牧的狀況才逐漸消失。

現代也有類似的案例；肯尼亞共和國、坦尚尼亞、烏干達等國為了避免非法捕獵非洲象，三國間訂定了防止法。然而，非法狩獵的數量依舊不減，非洲象的數量仍每年持續遞減。另一方面，波札那共和國、馬拉威、納米比亞等國則視非洲象為私有財，只要在自己所有的範圍內是可以獵殺非洲象的。土地持有人在誘因的驅使之下，保護並維持非洲象物種，非洲象的數量因而增加。

在北朝鮮以及海地兩國，因為當地居民伐樹作為商品或暖爐、煮飯用的燃料，附近的林地都因過度砍伐，導致森林快速消失而變成光禿禿的山群。主要原因是當地政府為了自不法人士手中保護森林，而將森林私有化，卻反而造成更過度砍伐的失敗案例。

將公共資源私有化的案例，還有澳洲的捕龍蝦許可證販賣制度。藉由購買許可證（2000 年時為 2 萬 1000 美金）的制度限制濫捕，使龍蝦數量增加，漁民們的生活漸趨安定，在現今仍舊受到大眾的支持。

　　這類的嘗試，造就了「MSC 認證漁業」（可持續發展的漁業與其管理）制度，這 10 年間在世界各地漸漸普及。結果，實現了水產資源的持續與生態系統的保全。

　　日本，據說占了全球黑鮪魚消費量的八成，而近年來黑鮪魚的資源量卻驟減。根據日本水產總合研究中心調查，2014 年的黑鮪魚資源量與前年相比，少了 80% 之多。

太平洋黑鮪魚的捕獲量

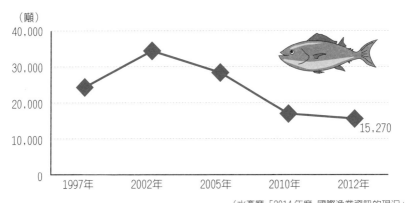

（噸）

（水產廳「2014 年度 國際漁業資訊的現況」）

　　因應這樣的狀況，太平洋黑鮪魚在 2014 年 11 月、大西洋黑鮪魚則於 2011 年，分別由國際自然保護聯盟（IUCN）指定為「有滅絕危險的野生生物」，列入聯盟的「紅色名單」內。

　　未來，將在限制有滅絕危機物種的國際交易之第 17 回華盛頓公約國會議上，指定黑鮪魚為限制撈捕物種的可能性極高。

　　2014 年 12 月，舉辦了中西太平洋漁業委員會（WCPFC）年會，會員國同意自 2015 年開始，將幼魚（未滿 30 公斤）的捕獲量逐年減少至 2002 ～ 04 年平均的一半。為了防止濫捕，目標是將到目前為止數量最低的魚種，在今後的 10 年間增加六至七成。

所得再分配

日本是最平均的國家!?

市場機制能夠有效分配資源,但卻不保證絕對公平。另一方面,政府的「所得再分配」卻有效率性與公平性的取捨問題存在。

關於「所得稅+其他稅」的最高稅率,不論哪國皆採取累進的課稅制度。結果,日本、美國兩國皆是所得前10%左右的人們負擔了所得稅額的70%以上。

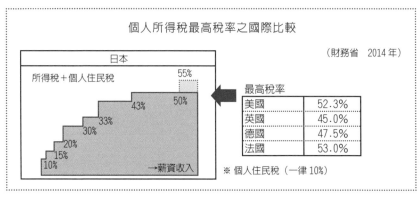

個人所得稅最高稅率之國際比較

（財務省　2014年）

最高稅率	
美國	52.3%
英國	45.0%
德國	47.5%
法國	53.0%

※ 個人住民稅（一律10%）

根據日本國稅廳的調查,日本全年所得超過1000萬日圓的人大約占了10.4%,負擔了所得稅額的72.6%。同樣地,美國年間所得前10%的人,負擔了70.62%的所得稅額(2010年)。

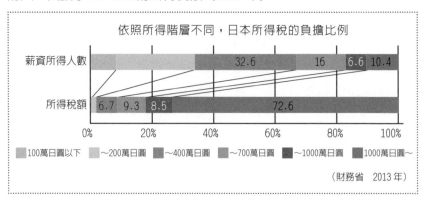

依照所得階層不同,日本所得稅的負擔比例

100萬日圓以下	～200萬日圓	～400萬日圓	～700萬日圓	～1000萬日圓	1000萬日圓～

（財務省　2013年）

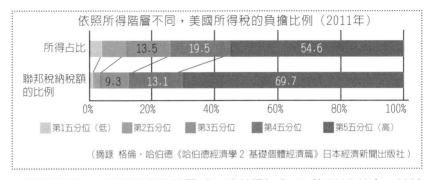

依照所得階層不同，美國所得稅的負擔比例（2011年）

（摘錄　格倫‧哈伯德《哈伯德經濟學 2 基礎個體經濟篇》日本經濟新聞出版社）

以美國來說，所得最多的階層（一戶所得年收 11 萬 3206 美金：2008 年基準）除了地方稅以外，還要負擔約七成的聯邦稅。

地方稅與國稅，還要另外再加上社會保障等負擔，國民負擔率（與國民所得 NI 的比率）如下圖：

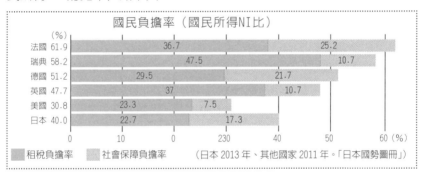

國民負擔率（國民所得NI比）

（日本 2013 年、其他國家 2011 年。「日本國勢圖冊」）

在歐洲，將國民所得 50％以上轉而作為再分配費用。

下圖為所得再分配的結果：最高所得前 10％階級的收入，是最低所得的後 10％階級的好幾倍。而日本的貧富差距大約為 4.5 倍，是最低差距，因此說是貧富懸殊最為平均的國家。

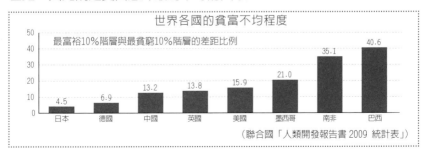

世界各國的貧富不均程度

（聯合國「人類開發報告書 2009 統計表」）

Column 3

•

為何下雨天攔不到計程車？

雨天想搭乘計程車，卻攔不到……平常在計程車招呼站，常常有好幾台車排隊等客人，然而一旦開始下雨時卻怎麼也攔不到車！相信各位都有這樣的經驗吧？

很容易可以想到的原因之一：「一旦下雨了，需要計程車的客人數量（需求）增加，於是就攔不到車了。」看似因為「需求增加」，但實際卻是「供給減少」。因為當計程車司機的收入增加時，司機會減少勞動量。

因此，真正的理由是（1）「計程車司機，已經設定好當天應完成的目標業績，達成目標業績後即可以收工」，於是計程車數量減少，因此供給量減少。（美國加州理工州立大學　柯林坎麥爾教授）。

假設，1 天的目標業績設定為 5 萬日圓，因為下雨天很容易達到目標，於是可以提早收工。

另外一個理由（2）「較忙的日子業績較高，卻也比較容易疲累，因此就會提早收工。」（美國普林斯頓大學　法馬教授）天氣晴朗時，雖然等客人的時間較長，但疲勞度相對較低，因此工作時間可以拉長，反而不會提早收工。

家庭主婦的兼職打工也有相同的狀況。在時薪高的狀況下，達成某程度的薪資後，就不會再多做工作。

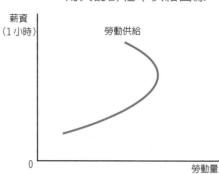

雨天的計程車供給曲線

薪資（1 小時）

勞動供給

0

勞動量

由賽局理論領導
的新觀點

附加在傳統經濟學上的觀點

本章節開始，將逐一分析與傳統經濟學完全不同的新觀點，以及補充經濟學的重要進展，其中之一就是賽局理論。

至目前為止我們在書中討論的市場分析——特別是完全競爭市場與獨占市場，皆是以下列兩個假定前提為基礎而作出的分析。

傳統經濟學的假定前提

1. 個人，在接受資訊下獨立作決定，並不考慮其他消費者或生產者。
2. 每一個人都是在合理、自利的狀況下，只考慮自我利益的最大化。

我們每一個人的確都是價格接受者，「生產者與消費者在面對市場時皆顯得渺小，甚至無法影響市場」。到超市購買鮮奶的消費者，或是其他的消費者，不需要瞭解生產者相關的資訊，就可以購買到鮮奶或是其他自己想要的商品。

這與購買智慧型手機或是藥品時的狀況一樣，對於智慧型手機生產者及原料生產國等的資訊，消費者可以說是完全不知情的。即使只考慮與自身有關的事情，而完全不考慮其他信息也是可以。「合理地只追求將自己的利益（效用）最大化，只考慮與自身利益有關的事情」……這就是我們直至本章節前所分析的市場，被稱之為「一期一會註13 的匿名社會」，是市場中的一種。

那麼，實際上如果所有消費者皆抱持著「合理地只追求將自己的利益（效用）最大化，只考慮與自身利益有關的事情」這樣的觀念，是否適用在所有市場上呢？很遺憾地，事實並非如此。

以輕型車為例，身為生產者的 SUZUKI 預測到 HONDA（本田）和 DAIHATSU（大發）將會開發新型汽車。但 HONDA 會開發出怎樣的新車？若是他們研發新跑車的話，那麼 SUZUKI 是否也應該朝新的跑車方向來

開發？亦或是 SUZUKI 應該要出完全相反的車型，譬如開發重視省油的
車款……。另一方面，HONDA 與 DAIHATSU 也正在預測 SUZUKI 汽車的策
略。若是 SUZUKI 這次的新車主打因應道路不平的機能，那麼 DAIHATSU
是不是也要正面迎擊呢？還是說要推出休閒且重視裝載量的車型……？

也就是說，SUZUKI 是以「預測其他競爭公司的方針」，並且預想其他
公司的方針是「『預測 SUZUKI 會如何』的前提下決定車型」。

結果，傳統經濟學的市場分析「**個人，在接受資訊下獨立作決定，並
不考慮其他的消費者或生產者**」這樣的理論是不足的，必須還要再加上
「預測對方會如何出手」這樣完全相反的理論，這就是**賽局理論**。

輕型車的差異化 其他公司沒有的款式

SUZUKI HUSTLER
因應道路不平 SUV

HONDA S660
跑車

DAIHATSU WAKE
大肚量輕型車

「不冒險，製造『會賺錢的車』 鈴木修 會長」
——當 HONDA 發表了跑車型輕型汽車時，他曾說過「『輕』是給貧窮人坐的車，他們
不需要跑車」。
「是啊……。」
「HONDA 或是 DAIHATSU 就算是一款車賣不好，也還是象徵性地製造跑車。我們沒有那
樣的能力，因此希望做出的每一輛車都可以賺錢，就是這麼一回事。」
——結果，人氣車 HUSTLER 誕生。
「得到了 COTY（Car Of The Year）大獎，代表這款車是賺錢的。」
（摘錄「富士產經集團 BUSINESS EYE」2015.5.3）

傳統的經濟學	賽局理論
不需考慮其他主體	有競爭對象
依現在擁有的情報作決定	必須預測未來

預測對方下一步的市場

「個人，在接受資訊下獨立作決定，並不考慮其他消費者或生產者」來行動，將會發生資源無法適當分配的狀況。

一味地追求個人利益，實際的結果會發生對雙方皆不利的狀況。

舉例來說，在第 139 頁提到的黑鮪魚或公有地悲劇等就是其中的案例之一。若是各國、各企業都只追求自身的私人利益，資源就將會逐漸消失，陷入誰都得不到的困境。地球的環境保護問題或是軍備競賽等皆是其一。第二次世界大戰到 1980 年代末，美國與蘇聯都在軍事費用上投入了龐大的金額，以追求國家的軍事優勢。然而，龐大的軍事費用負擔卻加速了蘇聯的瓦解。

在勞動市場、公共資源市場、軍備競賽等類似有「競爭對手」的市場中，就是因為各自追求私人利益，採取合理、自利的行動，才會造成「不只一個平衡」、「無法成就最適當的平衡狀態」的狀況發生。即使是想採取最適當的行動，以達到最理想的結果，有時卻反而造成最糟糕的結果，傳統經濟學對這樣的狀況可以說是束手無策。

實際的市場是由「一期一會的匿名市場」與「有競爭對手，互相牽連的市場」共存的。對於後者的市場分析，就是賽局理論。

賽局理論的重點有三個；其中一點是，在現實的市場「對方會如何出手＝預測」是極為重要的。

而賽局理論的構成有三個主要要素。

首先，**參與者是參加賽局（博弈）的主體**，有個人、企業、國家等區分。其次，**戰略代表的就是如何出手，「先一步預測對方的出手動向」來決定**（以圍棋上來說就是讀子）。最後，**獲利指的則是參與者在賽局中可以獲得的利益**，對企業來說也就是利潤，每一位參與者都以最大利潤為目標來採取行動。

傳統經濟學與賽局理論的不同

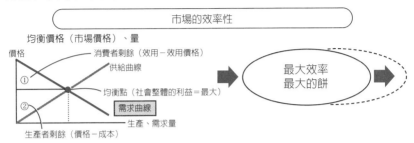

市場的效率性

均衡價格（市場價格）、量

價格
① 供給曲線
消費者剩餘（效用－效用價格）
均衡點（社會整體的利益＝最大）
② 需求曲線
生產、需求量
生產者剩餘（價格－成本）

最大效率
最大的餅

賽局理論：以「對手如何出招＝預測」為基準作選擇　有「對手」的存在……

1. 均衡複數存在
2. 均衡點卻不是「最大效率＝最大的餅」
3. 選擇自利的選項時，不會成為「最適當均衡點」

賽局理論的三個重點與構成要素

	賽局理論的重點	賽局理論的構成要素
1	有競爭對手⇔匿名的完全競爭市場	參與者
2	預測對手的出手動向來作決策	戰略……「讀子」的方法
3	雙方是互相影響的	獲利……企業利潤或市占率

賽局理論的三要素

參與者　對手具體存在

個人之間

VS.

營業、價格交涉，
就職、轉職……

企業之間

VS.

企業間的競爭與互相協助，
交涉、M&A、投標……

國家之間

VS.

貿易交涉、匯兌交涉、
軍事擴大競爭、環境問題……

戰略　企業間的價格競爭等等

牛丼 300 日圓！

我們家 290 日圓！

預測對手行動，並推敲
戰略。預測之後，再決
定對策……

獲利　企業的利潤或達到市占率等。藉由達成協議而獲得利益，顯示在獲利表（第 148
頁）上。

囚徒困境
1

保持緘默，
還是出賣同伴？

「囚徒困境(Prisoner's Dilemma)」是賽局理論中最具代表性的例子，
以合理、自利的決定，處理對雙方皆不利的狀態。

共同犯下竊盜罪的嫌疑犯 A、B 同時被逮捕了。這個竊盜案證據確鑿，
於是兩人皆被判有罪，恐怕得被懲處 2 年有期徒刑。但同時，兩人還被
懷疑有犯下其他強盜案件。

警察分別將嫌犯 A 與 B 帶進不同的小房間偵訊，向兩人提出了與強盜
事件有關的交易。條件如下：

條件：

(1)「兩人都不認罪的話，就都以竊盜事件起訴懲以 2 年有期徒刑」
(2)「兩人都認罪，則都判 10 年有期徒刑」
(3)「你認罪，而另外一人不認罪，那麼你懲處 1 年有期徒刑，對方 15 年有期徒刑」
(4)「若另外一人認罪，而你不認罪，那麼你懲處 15 年，對方則懲處 1 年有期徒刑」

兩個嫌疑犯都會「合理追求自己的最大利益（效用），只考慮自身利
益」。

那麼雙方是否會保持緘默不認罪？還是會認罪呢？結果，A 與 B 都認
罪並都懲以 10 年有期徒刑。

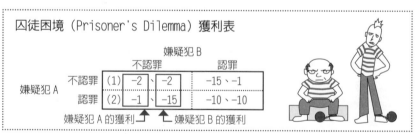

囚徒困境（Prisoner's Dilemma）獲利表

		嫌疑犯 B	
		不認罪	認罪
嫌疑犯 A	不認罪	(1) −2、−2	−15、−1
	認罪	(2) −1、−15	−10、−10

嫌疑犯 A 的獲利　　嫌疑犯 B 的獲利

刑期以負數表示
(1) A 與 B 都不認罪的話，兩人皆懲以 2 年有期徒刑
(2) A 認罪、B 不認罪時，A 懲以 1 年有期徒刑，而 B 懲以 15 年有期徒刑

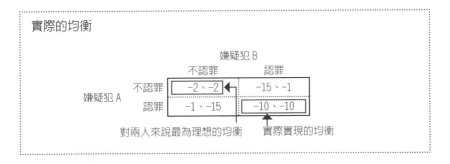

為什麼會變成這樣呢？

讓我們用 A 的立場思考 B 將會採取的行動吧。

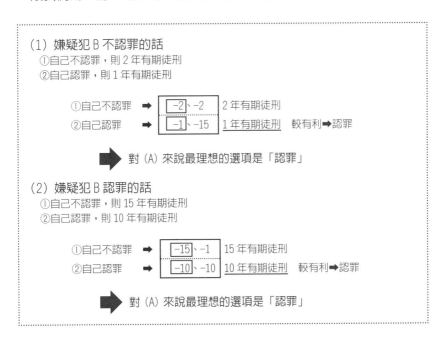

　　不論是（1）、（2）哪種狀況，最好的選項都是「認罪」。也因此，不論 B 認不認罪，對 A 來說最有利的選項都是認罪。

　　同理，嫌疑犯 B 也在思考一樣的問題。不論 A 採取什麼行動，對 B 來說最有利的也是「認罪」。

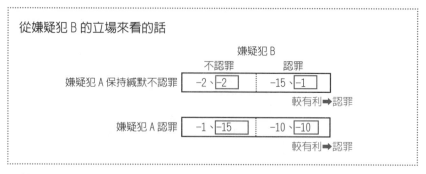

從嫌疑犯 B 的立場來看的話

嫌疑犯 B

	不認罪	認罪
嫌疑犯 A 保持緘默不認罪	-2、-2	-15、-1
		較有利➡認罪
嫌疑犯 A 認罪	-1、-15	-10、-10
		較有利➡認罪

若是兩人都不認罪，那麼兩人都只需服 2 年的有期徒刑即可，這其實才是最為理想的結果。**彼此在理性、自利的前提下採取的行動，有可能造成最不理想的結果⋯⋯這就是囚徒困境（Prisoner's Dilemma）。**

如果你是嫌疑犯 A，你會選擇不認罪嗎？

這個選項伴隨著巨大的風險。若是 B 認罪了，你就必須要面對 15 年的有期徒刑；比起服刑 15 年，10 年刑期較短顯然比較划算。於是，即使知道雙方都保持緘默不承認是最有利的，兩人仍舊選擇追求個人的利益，結果都吃虧了。

這個現象是由美國的數學家**約翰・奈許**（John Nash，1928～2015）所提出，又稱為「**奈許均衡**」。

奈許均衡：「預測對手可能會使用的戰略，先計畫對己方最有利的行動」。因為是「對己方有利」，所以一旦陷入奈許均衡，就出不來了。

這個「囚徒困境」在現實世界中比比皆是，廣泛地運用在各種談判的場合，讓我們來看看實際的案例吧。

①**公有地的資源問題、全球環境問題**

濫捕黑鮪魚產生的資源匱乏問題，即是其中一個案例（第 139 頁）。這是由於日式飲食習慣（生魚片）在世界各地蔚為風潮，間接造成黑鮪魚濫捕的嚴重問題。

為了提高利益，儘管只有一點點也要比別人多捕獲一些黑鮪魚，結果導致過度濫捕，造成實際資源大量減少。而若是只有自己的國家限制捕獲量，而其他國家則沒有限制，對限制規定的國家來說太虧了。

　　即使各國一致實施這樣的限制規定，但若仍有偷偷私捕黑鮪魚的人存在，也無法避免海洋資源的枯竭。

　　全球環境問題也是一樣。以理性、自利的角度來思考，都是優先考慮自家公司或自己國家的發展，導致地球環境變成最糟的狀態。

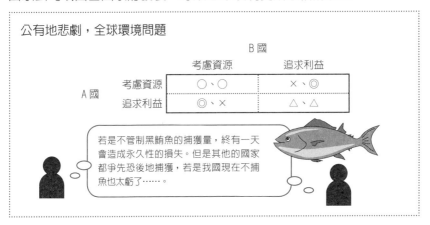

②**軍備競賽**

　　軍備競賽，導致國家軍事費用負擔增加。若對手國家削減軍事費用，則對我國有利；然而若對手國家擴大軍備，那麼如果我國不跟著擴大，未來極有可能會輸給對手國家，於是不管對手國家會不會擴大軍備，我國都要擴大才比較有利。但是一旦軍事負擔增加，那麼兩國間的關係也就越來越緊張了。

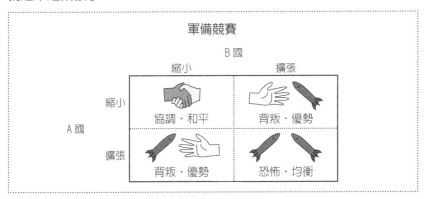

囚徒困境 2

是否有辦法可以
解決囚徒困境？

能解決囚徒困境的方法只有一個：協商。導入規定，讓雙方有「避免刑罰才是有利」的誘因。

(1)全球環境保護

全球暖化的對策是國際交涉。聯合國氣候變化綱要公約[註14] 第 21 次締約方會議（COP 21）於 2015 年 11 月 30 日舉行。

回顧 1997 年簽署京都議定書時，當時全球二氧化碳排放量總和超過四成的美國與中國皆沒有參加，這對京都議定書的成效造成了很大的限制。因此，聯合國以「所有的國家都參加，按照共同的協定縮減二氧化碳排放量」為目標開始行動。

(2)公有地悲劇

如同黑鮪魚資源一般，當公有地悲劇發生時，解決的方法之一就如第 138 頁所提到的案例一樣：**公共資源私有化**。

這樣的解決方法可以用牛肉與豬肉的生產來比喻，這二項商品因為是私人所有，飼主就有誘因會好好餵食牧草，而不會讓牛隻餓肚子。

此外，商業捕鯨是受到禁止的，只允許調查研究用途的捕鯨行為。鯨魚與黑鮪魚同樣被視為公共資源。

(3)裁軍交涉

美國與蘇聯在 1987 年締結了史上第一條核武裁軍條約——INF（中、短程導彈）全部廢棄條約。冷戰結束後，美國與俄國間又再度締結了 START1（1991 年）、START2（1993 年）、新 START（2010 年）等戰略兵器削減條約，實際上美國與俄國的核武器數量逐漸減少。

但另一方面，由核武持有國與無核武國推動的全面禁止核試驗條約（CTBT），則在持有核武的巴基斯坦、印度、北韓等國與周邊國家互相對立的情況下，不見成效。

全球暖化難題，「公有地悲劇」

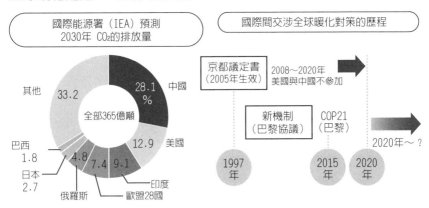

在二氧化碳排放量的預測中，若是排放量超過全球總量四成的中國與美國不參加，那麼全球暖化的對策效果就相當有限了。

> ### 「鮭魚捕獲量創歷來新低……向保護資源前進，減少 26%」
>
> 日本水產廳為了強化鮭魚資源的管理，設定 2015 年漁期（7 月～ 2016 年 6 月）的漁獲量為 26 萬 4000 順，比前年減少了 26%。
> 2000 年以後的漁獲量大約在 20 ～ 35 萬順間，2013 年一度降到 14 萬 8000 順。水產廳認為鮭魚減少在日本周邊海域洄游。另一方面，台灣卻增加鮭魚的漁獲量，於是日本明確實施國內的鮭魚資源保護。
>
> （摘錄「讀賣新聞」2015.5.12）

裁軍交涉成功的美國與俄國

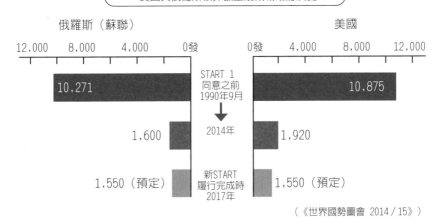

（《世界國勢圖會 2014 / 15》）

寡占市場 1

寡占市場中，賽局理論上場

寡占市場是只有零星賣方的市場。結果，不論哪個賣方採取了什麼行動，會大大影響其他企業的利益。

考量少數企業影響市場的狀況，這時就是賽局理論上場了。在賽局理論中最為典型的案例即是**寡占市場**。

寡占市場的情況下，各企業可以在某種程度上控制自家企業的供給量與商品價格。這時不論自家企業作出什麼決定，都將會影響其他企業；同樣地，其他企業的決定也會影響到自家企業。

如同我們在第 110 頁探討過的，完全競爭市場時，A 公司理所當然地採取追求自家公司最大利潤的決策，與其他公司所採取的行動並沒有關係。因此相對於 B 公司供給量的變化，A 公司的反應曲線呈水平狀態（右頁上圖 (1)）。

但另一方面在寡占市場裡，企業對市場的支配力更大，可以控制供給量與價格。假設 B 公司因為某種理由而增加商品的供給量，而 A 公司維持目前供給量，那麼商品價格將會因為企業整體的供給過多而下跌。

A 公司當時設定的價格為利潤最大化的價格，因此只好企圖減少生產量，以防止價格下跌（右頁上圖 (2)）。當 B 公司的供給量為②時，A 公司在供給量①能夠獲取最大利潤。然而，當 B 公司的供給量增加到②’時，A 公司的供給量會變成①’，反應曲線會向右下變化。

在寡占市場中，為了維持商品價格，兩間公司是息息相關的。

右頁所舉的例子是在寡占市場中擁有最大市占率的企業。在這裡提到的企業都是相當知名的企業。

這些企業之所以有名氣，是因為我們常常在廣告上看到他們。這並非偶然，**在寡占企業中，不是價格的競爭，而是廣告、宣傳、品質、設計等「非價格競爭」**。

寡占市場中，企業是互相依賴的關係

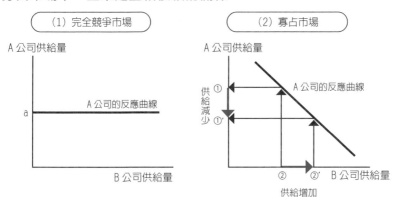

實際的寡占市場

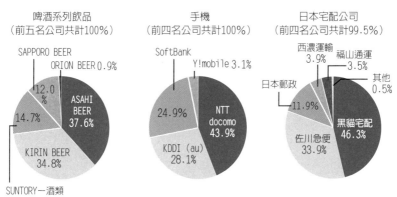

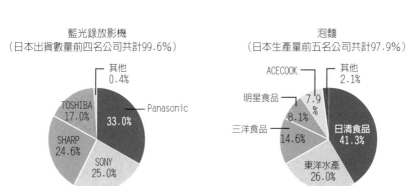

（「日經產業新聞」2015.7.28，「日經市占率調查 2014 年版」日本經濟新聞出版社）

寡占企業是互相制定高價，而得以維持的？

使用賽局理論來分析以少數企業為競爭對手，一邊預測對手戰略、一邊行動的寡占市場。

想要瞭解寡占企業的策略，就讓我們用最簡單的寡占狀態：**雙占**，也就是市場只有兩個參與者的狀況來思考（也有三組以上參與者參與的狀況，但終究會面臨到與雙占相同的問題）。

舉例來說，假設有兩間加油站，並位於紅綠燈交叉口對角位置。

以 A 公司立場來說，現在不論 A 或 B 公司的油價都是以 1 公升 130 日圓的價格販賣，若 A 公司為了吸引 B 公司的客人，在這時降價為 1 公升 128 日圓，那麼 A 公司的利益必會上升。

另一方面，B 公司也和 A 公司一樣採取降價的行動，考慮到 A 公司的降價金額，B 公司也下調商品價格……於是這兩間公司就呈現了奈許均衡，二者都選擇了降低價格的選項。但如此一來，雙方的利益都將比維持原價時來得少。

囚徒困境的解決方法只有一個：協商。

以寡占企業來說，可以制定關於生產與價格的協議、商議，或是組成卡特爾（Cartel：聯合行為）這樣的企業聯合。因為需要協商的對象較少，因此有機會不用負擔額外開銷就能獲得對方同意。但實際上，這種狀況其實就是另一種形式的獨占市場，與本書第 112 ～ 119 頁獨占企業的分析相同。

如此一來，當兩企業互相合作，那麼理論上雙方都可以達到最理想的狀態。然而在現實的多數狀況下並不可行，這是因為基於公共政策的考量，卡特爾行為在法律上是被禁止的。

兩間加油站的價格競爭

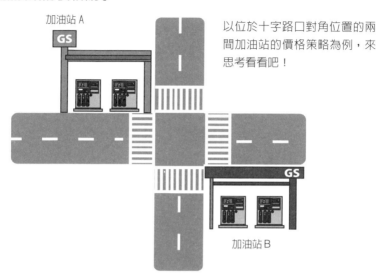

加油站 A

GS

加油站 B

以位於十字路口對角位置的兩間加油站的價格策略為例,來思考看看吧!

價格競爭的結果

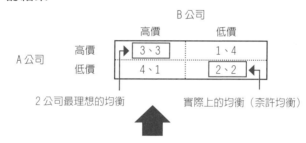

B 公司

		高價	低價
A 公司	高價	3、3	1、4
	低價	4、1	2、2

2 公司最理想的均衡　　　　實際上的均衡(奈許均衡)

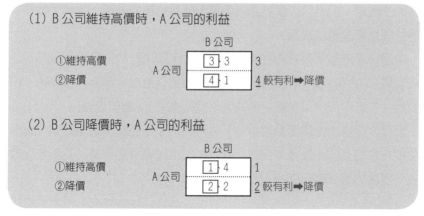

(1) B 公司維持高價時,A 公司的利益

B 公司

①維持高價	A 公司	3 3 → 3
②降價		4 1 → 4 較有利➡降價

(2) B 公司降價時,A 公司的利益

B 公司

①維持高價	A 公司	1 4 → 1
②降價		2 2 → 2 較有利➡降價

相互協商⇔降價競爭

對企業來說，無論如何都想避免價格競爭；就算是寡占市場，也都是採取巧妙避開價格競爭的策略。

寡占企業是否會捲入價格競爭呢？

事實上，**寡占企業是不會作「價格競爭」的**，例如販賣機的瓶裝水、泡麵、酒精飲料，甚至是汽車的價格等等，現實社會存在許多價格相當的案例（參考第 160 ～ 161 頁）。

囚徒困境之所以成立，是因為考慮到「萬一對方背叛我……」這樣的情況，於是無法選擇「自己不承認，對方也不承認」這個最佳選項。

若是能夠重複玩這個賽局，最終有可能會變成「對方若是背叛我，那我也要背叛對方」這樣的策略，而會產生一種變相的信賴關係。**這種重複多次的賽局本身若是很大型的雙向關係，其中的協調就很可能成為奈許均衡。**

囚徒困境是僅限於一次的遊戲。但是寡占企業所參加的遊戲並非一次性的，而是不停地與相同的競爭對手重複相同的遊戲，而且未來也打算繼續下去。聰明的寡占企業，比起短期的利益反而會將眼光放遠，採取長期的戰略，於是可以看到如同締結卡爾特行為的企業，或是企業間擁有共同默契等等的現象。

會有這樣的結果是因為**企業間「不會互相背叛」**。一旦背叛對方（調降價格），之後就會有報應等著。「要互相合作的話，那我也合作吧！相對地，若是背叛我，那麼之後你就給我記著！」（**報復遊戲**）

因此，在寡占企業間的競爭並不以價格為主，屬於**非價格競爭**，重點主要在於商品的差異性，例如：商品的設計到新機能等等，又或是以廣告、宣傳等方式來讓商品深植人心的競爭。

價格相當的報紙訂閱費用

（1 個月份，早、晚報 1 組，東京地區，含稅）

	1980 年	1986 年	1993 年	2004 年	2015 年
讀賣新聞	2,600 日圓	2,800 日圓	3,850 日圓	3,925 日圓	4,037 日圓
朝日新聞	2,600 日圓	2,800 日圓	3,850 日圓	3,925 日圓	4,037 日圓
每日新聞	2,600 日圓	2,800 日圓	3,850 日圓	3,925 日圓	4,037 日圓

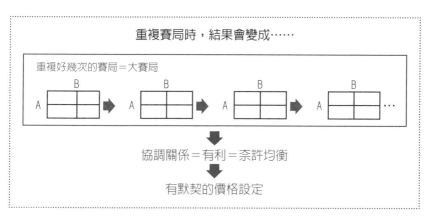

　　如果在某產業內，有數間公司的生產和業績寡占了整體產業一半以上，可以發現業界內類似的商品價格會傾向固定化，而產業也會漸趨寡占化或獨占化的趨勢。就算價格有變化，但也不是向下調整（価格の下方硬直性：價格不易下降）。寡占市場中，由**價格領導者**（Price Leader）企業制定價格以確保整體利益，其他企業則依序跟進，即稱為**價格管理**。

　　企業間的協議會使商品的價格傾向固定，此外會以品質、設計、**廣告**、**宣傳**等其他手段決勝負（非價格競爭）。　　　　　　　　　　　　　　　　　（摘錄《現代社會》東京書籍）

價格在產業全體企業默許的範圍內，由價格領導企業決定產業的整體商品價格，其他企業則追隨領導企業的腳步制定商品價格。這樣的市場充斥著「**協商與競爭**」，這也是寡占企業的特徵。

先前介紹過的輕型車市場，也是寡占市場的代表案例，企業同時採取「協商與競爭」的兩方策略，一方面維持商品價格，一方面以汽車的差異決勝負。企業彼此間默契一致，我們可以看出寡占市場是建立在絕妙的一個平衡上。

啤酒產業的協調關係

> ### 「KIRIN BEER 營業部長的言論」
>
> 只有 KIRIN 調降商品價格的話，就會降低商品的格調。本公司想將商品價格調得比其他公司高，卻不會想調降。若是我們不漲價，其他公司也無法調漲，產業間叫苦連天，反而得罪眾人。而且也有和批發、零售業者結下樑子的可能。
>
> (摘錄「朝日新聞」1970.10.15)

啤酒價格調漲日期關係表

瓶裝啤酒的價錢	1990 年 300 日圓	1994 年 330 日圓	1997 年 332 日圓	2005 年～ 價格開放
ASAHI	3 月 5 日	4 月 18 日	2 月 17 日	
KIRIN	3 月 2 日	4 月 12 日	2 月 4 日	現在的價格也都 相去不遠
SAPPORO	2 月 27 日	4 月 19 日	2 月 18 日	
SUNTORY	3 月 5 日	4 月 19 日	2 月 10 日	

連製造商都認可碳酸酒（チューハイ）[註15]增稅！？

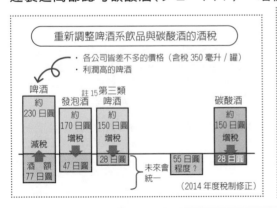

> ### 「偏重抑制低價」
>
> 政府、執政黨針對碳酸酒（チューハイ）的增稅方式作檢討。大型酒類企業經營者表示：「啤酒的盈虧較好，但碳酸酒的需求變大，公司也是有點困擾」（大型企業）因此，也都認可一定金額的增稅。
>
> (摘自「讀賣新聞」2015.5.11)

輕型汽車業界間的協商與競爭關係

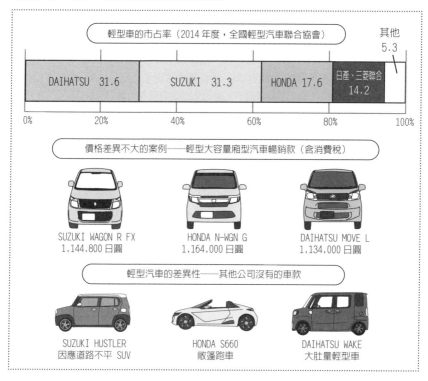

輕型車的市占率（2014 年度，全國輕型汽車聯合協會）

| DAIHATSU 31.6 | SUZUKI 31.3 | HONDA 17.6 | 日產、三菱聯合 14.2 | 其他 5.3 |

0%　　20%　　40%　　60%　　80%　　100%

價格差異不大的案例——輕型大容量廂型汽車暢銷款（含消費稅）

SUZUKI WAGON R FX
1,144,800 日圓

HONDA N–WGN G
1,164,000 日圓

DAIHATSU MOVE L
1,134,000 日圓

輕型汽車的差異性——其他公司沒有的車款

SUZUKI HUSTLER
因應道路不平 SUV

HONDA S660
敞篷跑車

DAIHATSU WAKE
大肚量輕型車

不是價格競爭，而是品牌力的競爭

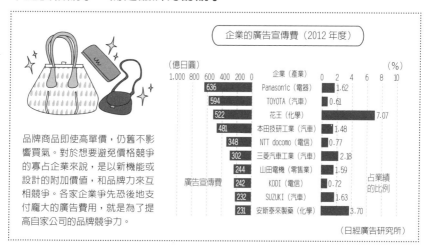

品牌商品即使高單價，仍舊不影響買氣。對於想要避免價格競爭的寡占企業來說，是以新機能或設計的附加價值，和品牌力來互相競爭。各家企業爭先恐後地支付龐大的廣告費用，就是為了提高自家公司的品牌競爭力。

企業的廣告宣傳費（2012 年度）

（億日圓）	企業（產業）	（%）
636	Panasonic（電器）	1.62
594	TOYOTA（汽車）	0.61
522	花王（化學）	7.07
481	本田技研工業（汽車）	1.48
348	NTT docomo（電信）	0.77
302	三菱汽車工業（汽車）	2.18
244	山田電機（零售業）	1.59
242	KDDI（電信）	0.72
232	SUZUKI（汽車）	1.63
231	安斯泰來製藥（化學）	3.70

廣告宣傳費　　　占業績的比例

（日經廣告研究所）

協商與競爭
克服囚徒困境之道

現實世界是「協商與競爭」這兩個乍看完全相反的關係，共同立於完美的平衡上。不僅是競爭，更衍生出協調關係的背景又是如何呢？

「**協商與競爭**」存在於時尚產業。

INTERCOLOR（國際流行色委員會），是世界唯一在國際間選定當年度流行色彩的機關。2015 年 1 月時，已有 15 國加盟。各國在國際流行色委員會中提案流行色彩的顏色，於當季 2 年前的 6 月選定春夏色彩，12 月選定秋冬流行色彩。

每年，都會人為操作創造流行，向以「不過時」為目標的消費者們公開發表。再統一以這個指定顏色的體系為基礎，業界內的眾多企業以不同的設計互相競爭。

「協商與競爭」也存在於軍事層面。美國、蘇聯冷戰時期，兩國各自對自己的同盟國提供資金與軍事上的支援，並且將自家的軍隊送往同盟國，比如越南戰爭和阿富汗戰爭等。就算兩國避免正面衝突，但還是有發生在距離這兩國遙遠地區的代理戰爭。

現在，非洲各國政府因「伊斯蘭國」（Islamic State，IS）的問題和

一般武器進口、出口國（總額1333億美金，2009～2013年合計）

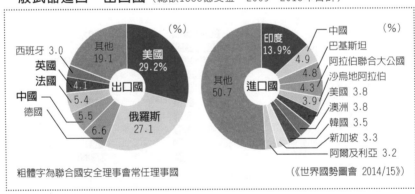

粗體字為聯合國安全理事會常任理事國　　　　　　　《世界國勢圖會 2014/15》

克里米亞的所屬問題感到棘手。儘管如此，非洲各國的軍火商仍然持續販賣武器。

克服囚徒困境的方法為協商：

(1) 第一種協商方法為：「商量」、「契約」

(2) 第二種協商方法為：建立長期的關係

(1)「商量」、「契約」：針對環境問題或裁軍問題等，都有為了避免「公有地悲劇」狀況而召開的國際性會議。

為了讓各國都同意遵守，勢必得施加類似罰則等約束力。因為總是存在著不遵守規則，期望獲得較多利益的這層誘因，而為了防止這樣的狀況發生，契約或罰則是必要的。

(2) 建立長期的關係：這是指不論國家、企業、個人之間，也無論以哪一種形式參與都一樣，由於現實世界的賽局並非一次性的，而是不斷重複的大型賽局，因此藉由建立彼此長期的合作關係，達成「不背叛較有利」的誘因運作。

例如日本的 JR 與各私人鐵道公司的關係，或者是同一地區的同業間關係等等，寡占企業之間的關係就類似這樣。另外，還有像是業務這類建立在個人信賴關係的交易，也是其中一種案例。

因此，我們可以清楚知道，只有**賽局理論**，「**通過市場競爭，以最適當的方式分配資源，自然會達到最適度的狀態」＝市場機制，社會是無法成立的**。在現在的經濟學中，「提供誘因制度的設計」也是必要的。

囚徒困境的克服方法

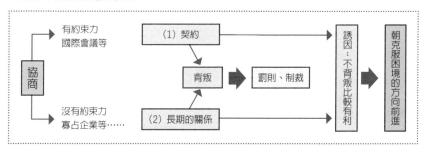

寬恕制度

使用囚徒困境談判，讓對方坦白！

為了防止串通與卡特爾行為，各國政府企圖創造「囚徒困境」狀態，以揭發企業的不法行為。

各國政府意圖創造「囚徒困境」，以揭發企業的不法行為。像是日本的**課徵金減免（寬恕）制度**，即主動申告違法交易的企業會獲得利益的制度。

日本的公平交易委員會，針對有類似串通與卡特爾行為等違法行為的企業，課徵罰金。2013 年度共計 50 起，課徵金額高達 302 億日圓。

若是在公平交易委員會調查開始前，即申報「本企業有參與串通卡特爾行為」者，課徵金全免，並且不需負擔刑事責任。第二個申告者免除 50％的課徵金額、第三個免除 30％的課徵金額，依照提出違反內容報告書的時間決定順位，為避免信件同時送達不利判別，委員會也接受傳真。

這個寬恕制度＝意圖性地創造「囚徒困境」，對企業來說是吸引力很強的系統，而且已經有確實的效果了。

「久保田等 7 間穀物設施公司串通　命令繳納課徵金 11 億日圓」

針對農業協會等的整理穀物儲藏管理設施之投標案的串通行為，公平交易委員會向久保田等 7 間穀物設施公司，以違反獨占禁止法罰以 11 億數千萬日圓的課徵金罰鍰。**另外，雖然日本車輛製造公司也有參加此次的串通行為，但由於自主申告，因此依照課徵金全免制度（寬恕制度），不需罰款。**　　　（摘錄「日本經濟新聞」2015.3.3）

「軟硬兼施　世界的競爭政策」

日本公平交易委員會於去年春天，命令 4 間在汽車出口海運運費上締結卡特爾行為的日歐公司，需支付總金額 227 億日圓的課徵金。**而脫離其他公司，向委員會自首告發卡特爾行為的商船三井公司，則不需支付。**

各國的共通點是，以減輕罰則的方式誘使違法企業自首。同時利用破例與嚴格的制裁等軟硬兼施手段，迫使違規企業無處可逃。

（摘錄「日本經濟新聞」2015.2.16）

課徵金減免（寬恕）制度

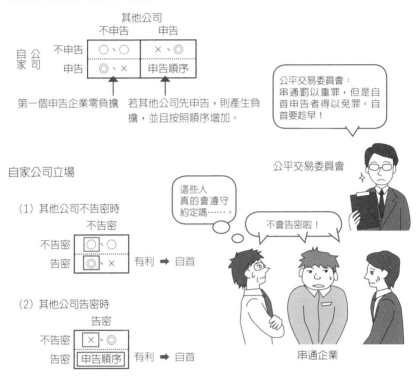

各國防止卡特爾行為的成果

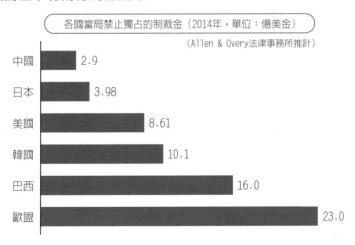

與對手同調，可以得到最大利益

協調(Coordination)：「同步、調和」的意思。
因此，在協調賽局中，是藉由互相配合協調＝獲得利益的目的。

在都市的車站內搭乘電扶梯時，將一側通道預留給趕路者的習慣，已經在社會大眾心中定型了。在日本關東地區，是將右邊走道留給趕路者行走，而關西則是預留左邊，可知依照地區不同，習慣也不同。

這個使用規則的選擇，以圖表顯示如右頁下圖。藉由與身旁的人採取相同的行為，獲得較高利益。如果身旁的人搭乘電扶梯時選擇靠左，自己也站左邊；而選擇靠右時，自己也站右邊，這樣的模式是最適當的反應，有**複數的均衡點**。

以搭乘電扶梯來說，站在哪一邊其實並沒有特別的理由，單純只是因為「大家都站在那一邊」而已。在相同的地區，也可以預測其他人會站在哪邊。

對自己的獲利最重要的是「和大家一樣」。

當採取與大家相同的行為時，可以獲得最大利益。例如，假設其中一位關西人改變了自己的行動，站在電扶梯左側時，就有可能會被後面的人撞到、或是被罵等，是有「損害」的，因此獲得的利益自2下降到0（請參考右頁下圖）。

這個均衡點稱為奈許均衡，**「針對對手將會打出的戰略，選擇對雙方都好的行動」**的狀態。這樣對雙方都是最好的，而形成奈許均衡，行為模式一旦在社會上固定時，要改變這樣的行為模式就非常不容易了。「與大家相同」這樣安定的狀態已經定型了，而固定在社會上的安定模式，成為奈許均衡的可能性高，形成「自己一個人改變戰略也不會有利」的狀態。

預測對方的戰略並同步，以獲取最大利益。

電扶梯站的位置與協調賽局

關東方式

關西方式

空出右側是關東地區的習慣，而空出左側則是關西地區的。倫敦、紐約、巴黎等國是習慣站在右邊，而澳洲大部分則是左邊。在倫敦地下鐵中常可看到「Stand On The Right」（請站右側）的標語。此外，空出一邊是以有趕路者為前提的習慣，但日本電扶梯協會基於安全上的考量，提出禁止在電扶梯上行走的告示。

搭電扶梯時所站的位置

		關東人	
		左側	右側
關西人	左側	2、2	0、0
	右側	0、0	2、2

關東人站在左側時 ➡

		關東人	
		左側	右側
關西人	左側	2、2	0、0
	右側	0、0	2、2

○關西人也站在左側比較理想
× 依舊站右側，最不利（被撞、被罵）

在協調賽局中，與對手同步才是最理想的行動方式；並非以「哪個是對的、好的」為基準，而是以「大家都如此選擇」為基準，採取同步行為才是可獲得利益的行動。

協調賽局 2

災後發生掠奪事件，
並非因為「未開化」!?

協調賽局，有分為少數人參加與多數人參加兩種，人數最少如情侶約會，或大規模如災後的賑災物資領取。

　　舉例來說，假設有一對情侶，男生假日約會時想要去聽演唱會，而女生想要去看電影（參考下圖）。

　　兩人若分開各自行動的話都不夠開心，因此獲利為 0。若是配合男生去看演唱會的話，女生的獲利為 1；同理，若男生配合女生去看電影的話，男生的獲利也為 1。雖然會有些許不滿，但是比起各自分開活動來說，還是會更開心。

最少人數的賽局

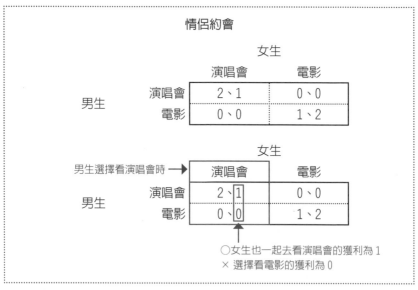

　　像情侶約會的例子一樣，只有兩人參加的賽局，要改變其中一方的行為是很簡單的。只有兩個人的時候，可以互相溝通、猜拳或是約定下一次約會選擇另一方想做的事來達到平衡。

但是，當賽局參與者的人數越多時，就越難改變同步的現象。

當日本發生地震災害時，各處的避難設施或避難場所處處可見井然有序排隊領取救援物資的隊伍，就連緊急事態發生時的公共交通機關的隊伍也是一樣。

而在國外，卻是不時可以看到當災害發生後，爭先恐後地爭奪救援物資的亂象。

「阿根廷媒體稱讚　大震災時日本也不會發生搶奪事件」

「為何日本不會發生搶奪事件呢？」南美阿根廷最具影響力的報紙「LA NACION」（電子版）於（2011 年 3 月）16 日對於東日本大地震後，各災區災民採取有秩序的行為表示驚訝。

該報紙派出了特派員到茨城縣，根據這位特派員的報導，日本災民們展現出非常有耐心的態度排隊領取一點點的糧食，並稱讚日本人將「沒有辦法」與「忍耐」深植於心的強韌精神。

（摘錄「共同通信」2011.3.16）

「爭先恐後領取救援物資的尼泊爾災民」

（2015 年 5 月）2 日，鄰近大地震震央的尼泊爾中部廓爾喀縣，災民一窩蜂爭搶救援物資，造成亂象……

（摘錄「時事通信」2015.5.2）

「海地的貧民窟居民湧入救援物資的發放地」

位於海地首都太子港的貧民窟「太陽城」，災民企圖入侵指定為救援物資發放地的警察局。

（摘錄「AFP 通信」2010.1.27）

「四川大地震災民互相搶奪物資，爭先恐後地攔截運送中的車子……」

中國四川大地震發生後 3 天（2008 年 5 月）的 14 號中午，許多災民在四川省綿竹市外的農村地區，攔截裝載救援物資的卡車，發生搶奪資源事件。

（摘錄「讀賣新聞」2008.5.15）

這類行為，依照地區而不同。土耳其和印尼發生災害時，災民也依舊是井然有序的；而作為已開發國家的美國，2005 年 8 月路易斯安那州歷經颶風襲擊的災難後，也發生了掠奪與暴力事件，所以**這並非依照已開發、開發中國家來分類。**

此行動的獲利表如右圖。以戰略性來說，在日本遭受過災難的人，不論之後到哪一個國家都會選擇「排隊」行為；但假設某個國家發生災害時，如果此時大家都爭先恐後地掠奪物資，那麼即使是日本人也會採取「先搶先贏」的行動，以求獲利。

過去，曾在受災時被搶的外國人即使產生了報復反應，到日本遭遇震災時也會知道乖乖排隊才會獲利。因為日本災民的行為明白顯示出，這時若採取「先搶先贏」的行動，會惹麻煩上身。

日本在阪神、淡路大地震和東日本大地震等過去的經驗中，累積情報並流傳下來，進而成就「可能會變成這樣」的預測行為。預測「對方會這樣做吧」，於是「自己也這麼做比較好」。

相反地，在他國遭遇災難時，遇到領取救援物資不排隊的狀況下，即使是日本人也知道「先搶先贏」的行動才是有利的。但若是那個國家過去沒有發生過災難，那麼就無法預測未來。無法預測未來時，就更不會一個人規矩地排隊，因為獲利是零。

各主體依據「理性、自利」來行動，有可能導致「均衡只有一個」、「無法達到最理想的均衡狀態」。

合理性＋正確預測對方的下一步＝奈許均衡

不論在哪種情況下，即使受到「開發中國家是……」或「日本人的精神性」等從倫理層面的評論，奈許均衡都不會變動。

也就是**要求一個人採取與其他多數者不同的行為是很困難的**（請回想前面提到的寬恕制度、泡沫經濟等案例）。當狀況演變為這樣的奈許均衡時，要擺脫並不容易。

並非因為是「日本人」所以排隊！？

災害發生後，領取救援物資的態度

其他國家

		排隊	爭先恐後
日本	排隊	2、2	0、0
	爭先恐後	0、0	2、2

奈許均衡

(1) 災難發生地在日本時

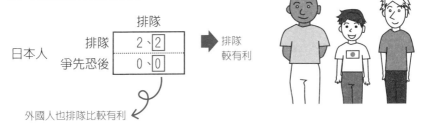

排隊

		排隊	
日本人	排隊	2、2	➡ 排隊
	爭先恐後	0、0	較有利

外國人也排隊比較有利

(2) 災難發生地在災民會爭搶物資的他國時

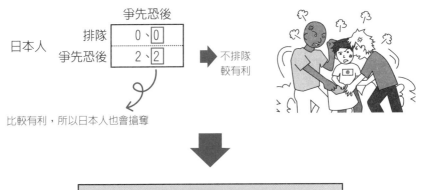

爭先恐後

		爭先恐後	
日本人	排隊	0、0	➡ 不排隊
	爭先恐後	2、2	較有利

比較有利，所以日本人也會搶奪

不是道德、倫理或是國民性的問題

標準化取勝！
炎熱的規格戰爭

某項規格占據大部分的市場網絡，稱為「標準化(De Facto Standard)」。

目前最常見的電腦作業系統軟體，由微軟（Windows）和蘋果（Mac OS）為市場大宗，類似這樣追求制定**標準化（De Facto Standard）**的戰爭，有許多案例存在。當顧客購買軟體時，除了考慮軟體本身的性能外，一般人都傾向選擇較為普及的產品。

越是普及的系統，在與他人共同作業、交換或是聯絡時，因為相容性高所以比較方便，不會發生無法讀取的狀況。

因此，市場上看到某個軟體越是暢銷，同時也代表著與這個軟體相關的其他軟體較容易入手，一個軟體的普及化也會帶來更多其他軟體的普及化。

而**大家越是使用，利用者越是能自這個財、服務中得到越多方便性**，這就稱為**網絡外部性**，特定企業獨占勝利的原因就在其中。

「全員統一使用 A（B）規格」這樣的均衡，並無法預測哪一個會被選擇。而且被選擇的理由與選擇搭乘電扶梯站立位置相同，都「只不過因為大家都這樣選」，**並沒有什麼技術上的優勢關係**。因此，企業的目標在於擴增這個網絡企業與使用者的數量，企圖擴大漸趨白熱化的市占率競爭。

關於錄影方式，有以 SONY 主導的藍光推廣派與以 TOSHIBA 主導的 HD DVD 推廣派。

他們的目標都是讓自家產品的規格普及化，這場競爭持續了 6 年。要拿下大型電影製作公司，還是家用遊戲機的市場呢……結果，大多數的電影製作公司決定採用藍光，因此次世代 DVD 的標準化，最終以藍光光碟勝出，結束了長達多年的規格競爭

標準化(De Facto Standard)之戰

	使用者、企業	
	A 規格	B 規格
A 規格	2、2	0、0
B 規格	0、0	2、2

使用者、企業（左側標示）

奈許均衡

　　對企業來說，市場是否採用自家公司的標準化規格，由於牽涉到巨額的投資，以及龐大的回收與利益，因此是非常大的課題。

筆記型電腦、智慧型手機用系統的標準化

電腦用系統市占率（2014 年 11 月、Ars Technica）

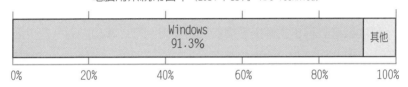

智慧型手機系統市占率（2014 年 11 月、Ars Technica）

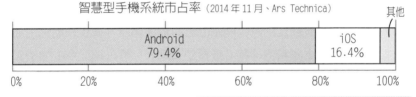

電腦的支援系統 90% 以上是 Windows，智慧型手機接近 80% 為 Android，標準化的優勝者有獨占市占率的傾向。

標準化之戰的案例

	A 規格	B 規格
家用 VTR	VHS	Beta
攜帶型錄影機	8mm	VHS-C
電腦	PC98	DOS/V
汽車用手機	NTT 方式	MOTORORA 方式
家用遊戲機	FAMICOM（紅白機）	MSX
次世代 DVD	藍光	HD DVD

現在，電動汽車（EV）快速充電方法，有日本製造商的「CHAdeMO 方式」與歐美 8 間製造商的「Combo Connector」技術，以及美國電動汽車製造商的「Tesla supercharger 方案」等，三方爭霸戰正如火如荼地進行著。

終身僱用或年功序列都算是合理的奈許均衡

日本的僱用習慣──「終身僱用、年功序列、企業別工會……」其實都算是奈許均衡，賽局理論使這樣的事實浮現出來。

我們已經明白，賽局理論中的均衡不只一個。選擇這個均衡中的哪一個選項，是依據過去的經驗推斷出各個參與者的預想為基準。在同樣的條件下，也有可能成立完全不同的均衡。這點從賽局理論就可以得到證實，對經濟學帶來了幾乎重寫所有教科書般的重大衝擊。

其中最大的功績之一為**比較制度分析**；資本主義也有著各式各樣的形式，其中被稱為日本式僱用習慣的終身僱用制度、年功序列、各企業工會等等，這些也符合「合理的選擇」下的奈許均衡，可藉由比較制度分析證實。

過去，對日本的僱用型態總是這樣說明：從古至今，日本僱用型態的特殊關係，奠基於自江戶時代開始的君臣關係傳統、重視長期信用關係的倫理，以及日本獨特的「和」或長幼有序……等延續至今的習慣以及觀念。

但是，依照比較制度分析，這些方式之所以被採用的理由，其背後有著合理的經濟根據。居住在日本的歐美人士，也是選擇日本式僱用型態比較有利，這就是奈許均衡。

戰前的日本，基本上較為接近美國式的僱用型態，是正統資本主義的經濟系統。其後，1930 年開始到 1940 年代前半，由於當時國家總動員體制的實施，以及勞動資源由國家管理徵用等因素，造成戰時的經濟發展因為徵兵制，而導致了勞動力絕對性的不足。在這樣的背景之下，日本式僱用模式的系統基本構成要素生成。

當時是為了因應勞動力的不足，而這些戰爭時期體制所創造的系統，在戰後仍然以奈許均衡的型態留了下來。

優良的僱用型態，日本式還是美國式？

美國式	解僱、轉職	依能力給薪 成果、職位能力	產業別工會
日本式	終身僱用	年功序列薪資制	企業別工會

└─日本文化？

一般來說，美國式僱用型態是以大量執行解僱或轉職為前提，企業依照資格決定勞動者的待遇。另外，勞動者也努力學習不論在哪間企業都可以通用的技能。另一方面，日本式僱用則是以終身僱用為前提，建構在年功序列薪資體系與企業內獨特的文化和習慣之上，較重視只在特定公司內部通用的特殊技能。

<table>
<tr><td rowspan="2">勞動者</td><td></td><td colspan="2">企業</td></tr>
<tr><td></td><td>日式僱用型態</td><td>美式僱用型態</td></tr>
<tr><td></td><td>在企業內才可通用的特殊技能</td><td>2、2</td><td>0、0</td></tr>
<tr><td></td><td>不論哪裡皆可通用的通用技能</td><td>0、0</td><td>2、2</td></tr>
</table>

資本主義也是有各式各樣的＝複數均衡＝奈許均衡

戰爭前、中、後時期，日本企業系統的變化

	前	中	後（高度成長期）
僱用型態調整	流動的	變化 （因勞動力不足問題）	終身僱用
員工內部升遷率	5.5%（1900 年）	增加	47.8%（1962 年）
薪資供給	50% 以上的人 以有價證券僱用 （1925 年以前）	民間金融機購 49.7% （1936 ～ 40 年）	民間金融機購 81.2 %（1966 ～ 70 年）
銀行破產件數	43.5 件 （1920 ～ 32 年平均）	7.8 件 （1933 ～ 45 年平均）	0

	1916 年	1947 年
狀態	不知不覺間，員工股票的大量移動，經營領袖持續變化	員工控制營業事業主權
主權	股東主權	員工主權
經營者方針	股份持有者分配，高股價	優先員工待遇
經營者不關心的領域	公司業績的好壞	股東分配、股價

（摘錄 岡崎哲二等編《現代日本經濟系統的源流》日本經濟新聞社）

完全合乎邏輯的日本式僱用制度

日本式僱用制度：以掌握「只在這個企業有用、企業特有的特殊技能」為目的，是合理的系統制度。

日本式僱用制度的基礎：「**只在這個企業有用，是企業特有的特殊技能**」。相反地，「**一般、通用的技能**」指的是醫生或會計師、律師、MBA（管理學修士）等資格，以及系統工程師的技術、英語檢定等技能。這些技能與資格可以藉由教育掌握，不論在哪個職場領域都可以派得上用場，可以成為立即戰力的技能。

而美國企業基本上就是依存在這些技能上，因此可以明確區分白領階級（經營、管理者）、藍領階級（勞動者）。此外，類似的制度還有英國或法國的階級社會、德國的 Meister（名人、老師）制度。

「企業特有的特殊技能」指的是在特定公司內通用的 Know-How（技術），或是前輩傳承而來的公司內部小知識，例如：「這個議案，應該要得到 A 的同意」等，限定於這間公司內部獨特的管理制度。

> 較難用言語或文句表現的知識總稱「Know-How」，指的是**各家公司在執行生產活動時，獨自累積至今**的必要知識、技術、經驗等。
> （摘錄《中學社會 公民的領域》日本文教出版）

這些知識、技術、經驗在學校並無法學習到，而且若是轉換跑道到其他公司很可能也派不上用場。日本式僱用制度的**在職訓練（On The Job Training，OJT）**，背後代表著「在大學玩 4 年也ＯＫ，進到企業後會再教育」的意義。在「企業特有的特殊技能」這個基礎上，「終身僱用、年功序列、企業別工會」這種日本式的僱用型態反而非常合理＝合理的選擇。

另外，當然還有關於程度的問題，這樣是否可以說：**歐美國家重視「一般、通用技能」，日本重視「企業特有的特殊技能」**呢？

企業特有的特殊技能 VS.一般、通用的技能

企業特有的特殊技能	一般、通用技能
隱性知識	顯性知識
專業技術	標準流程
只在某企業中有用的技能 （例如：武器研發的特殊技術）	資格、檢定
文書資料整理方式 事前工作的方法、步驟 企業獨有的電腦管理系統	醫生、護士、藥劑師、臨床檢查技師 英語檢定、日商簿記檢定 托福、多益 系統工程師技術

完全合理，日本式的僱用系統

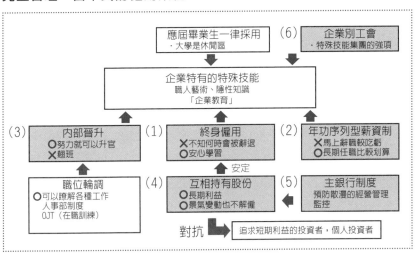

不論哪一種僱用習慣，都在各自的國家達到奈許均衡

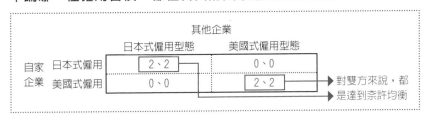

日本式僱用系統的「終身僱用、年功序列、依企業區分工會」，是能提高「企業特有的特殊技能」的合理系統。

(1) 終身僱用　為了促使員工學習只在這間公司通用的技能，終身僱用是種保障。如此一來，即可創造出公司員工學習「企業特有的特殊技能」的誘因。而在不知何時會被解僱的流動性僱用關係中，即使擁有這樣的技能也只能在特定公司內通用，對未來任職其他公司來說並沒有太大用處，那麼學會一般技能對未來自己個人的發展比較有用。終身僱用藉由保障員工的未來，促使員工們安心在職訓練。在各種部門經歷各種工作的人事制度，是日本獨有的系統。

(2) 年功序列型薪資制　若是員工自己辭職，那麼對企業方來說，花費在 OJT 上的開銷就浪費了，因此導入年功序列型的薪資制。這是在新人時期薪水較低，做得越久薪資也就越高的給薪系統，創造出員工若是在年資很淺的時候就辭職，對他其實不划算，是**長時間待在同一間企業越有利**的一種制度。

(3) 內部晉升　另外還有稱作內部晉升的升遷系統。以歐美國家來比較的話，經營者是經營者，勞動者就是勞動者，因此經營者可以自其他企業挖角過來，在各大企業間流動。而日本的狀況，則是從員工晉升到管理職。在年功序列的範圍內，採用適度的晉升系統，這也成為**勞動者努力工作的誘因**。

(4) 互相持有股份　為了保護終身僱用制度，不能讓企業單方因一時的景氣惡化就辭退員工。企業有不讓經營惡化導致配股減少或股價下跌的責任，而且在股東會議上會受到股東追究，而企業間互相持有對方的股份。這樣企業不會因為短期的業績波動而受影響，可以維持終身僱用之類的長期經營。在**全盛時期甚至有所謂的六大企業集團**。

(5) 主銀行制度　但是，企業間互相持有股份時，藉由股份調節資金的這條路就不可行了。那麼當企業方需要籌備資金時，只能透過銀行。銀行在企業申請融資後，作為報酬成為主要銀行，並派遣專員進入企業監控經營狀況。業績不振時，由主銀行介入經營，汰換企業的主管層，並

徹底實行經營改革。即使被（4）互相持有股份這個方法牽制保護著，經營者也無法毫不在乎地繼續經營。

（6）企業別工會　「企業別工會」也是只有日本特有的。歐美國家是組織「產業別工會＝汽車製造工人的汽車工會、金屬勞工工會」等等。越過不同企業間的圍牆，組織產業別工會，以擁有與企業交涉的能力。若是企業需求為「一般、通用技能」的話，在企業內組織工會也不會有足夠的交涉能力，企業只需要僱用外來勞工即可。以日本來說，勞工本身持有的技能是「企業特有的特殊技能」，因此只要統合在同一間企業內的勞工就能擁有足夠的交涉力。

　　日本式僱用習慣，整體來看是為了促進「企業特有的特殊技能」的合理系統。這樣一來，勞工直到退休前都不會辭職，企業方鼓勵他們掌握「企業特有的特殊技能」，對勞工本身也是最理想且最有利的行動。

　　對企業方來說，當其他企業都遵守終身僱用制度，而自己任意解僱員工的話，優秀的勞動者也不會想要來自家企業工作。勞動者若是掌握「企業特有的特殊技能」，即使中途跳槽其他企業，也還是需要再教育，這對中途聘僱的企業來說並沒有好處。

　　當周遭的企業都使用日本式系統時，各個勞動者、以及各個企業也都選擇日本式系統才是最為理想的。但如果周遭的企業都採取歐美式管理系統時，勞動者與企業也都會認為歐美式系統最為理想，與是不是日本人，或是不是歐美人、印度人等毫無關係。

　　日本式僱用制度，並非因為日本文化、日本傳統或日本民族性，只不過是剛好在世界大戰的非常時期下所採取的體制，完整地流傳下來，變成奈許均衡罷了。

日本式僱用制度快要崩解了!?

現在被稱為日本式僱用制度的「終身僱用、年功序列、企業別工會」，由於外部環境的劇烈變化而漸趨崩解。

(1)隱性知識、專業技術的流程標準化

隱性知識指的是只有本人才能夠意會，而且不容易傳達給其他人的專業技術。比如說：在日本料理店依據料理當天的濕度與氣溫，決定熬高湯用小魚的量與大小，以及熱水溫度的些微調整，以達到維持味道的穩定品質……之類。「熬煮高湯的小魚要幾公分、幾公克、要加幾公升的水、煮多久……」依照這樣的範本，並無法做出一流的味道。但是藉由將這些資訊科技化（Information Technology，IT）的行為，不論是專業技術或是事務作業，任何人在任何地方都可以做得到。

一個人想要成為壽司師傅，就必須從最基層的學徒開始做起。經過好幾年的修行，向前輩們偷師技巧……等，類似於這樣的系統已經開始崩解了。現在，只要在專門訓練壽司職人的專門學校上2個月的課，就能夠學到所有應具備的技術。

而且，迴轉壽司使用的機器可以固定壽司米的重量，自動再現壽司師傅輕柔的一握。師傅的專業技術若是100分程度（師傅也不一定能做出每一個都是100分的壽司），壽司機卻可以持續維持提供90分以上（甚至更高）的壽司。不論是壽司米的煮法，又或是醋的混合調配等等，這台機器都可以執行到90分以上的程度。在製造業中，連1/1000公釐的誤差都沒有的木匠之術，也可以由機器人完美重現。

另外再舉一例，日本超市收銀機的使用方法一直到1970年代，都是靠企業內部教學而完成的專業技術。這個技術追求的是如何快速又精準地按到數字鈕。然而，現在只要在POS系統註16上，嗶一聲，變成了不論何處何時、任何人都可以做得到的技術。在2015年夏天，不需要收

銀機的系統甚至導入日本，所有商品皆裝有電子感應標誌牌，只要放進籃子裡，系統就會自動精算價錢。

　　專業技術的標準流程化，是一種讓任何人在任何時間地點都可以做到某種程度技能的系統。因此，只要將工廠設在日本，那麼日本職人就沒有執行生產的必要性。簡單的標準化流程，讓世界上的勞動者不論身處於何處，都可以達成專業技術程度的生產。於是「企業特有的特殊技能」被「一般、共用技能」取代了。

專業技術

捏、沾、握、捲／魚的選購／日本料理／吧檯實習／結帳技巧……

機械化　　　　流程標準化……專門學校

昭和時代的收銀機……專業技術

平成時代的 POS　甚至不需
系統……讀條碼　要收銀檯

「迅銷集團，無人收銀檯瞬間精算　全商品 IC 標」

優衣酷（UNIQLO）企業的迅銷集團，導入了客人可以自己精算的無人收銀系統。將全部商品都掛上以無線方式讀取寫入商品情報的 IC 標籤，在收銀檯就可以立即精算。
　　　　　　　　　　　　　　　　　　　　（摘錄「日本經濟新聞」2015.5.5）

（2）人口減少，經濟高度成長時代的終結

　　看人口金字塔就能清楚知道，日本已經進入了人口減少的時期。**日本的年功序列型工資、終身僱用、升官模式是以日本人口增加、GDP 增加為前提下進行的模式**。對企業來說，當這個前提崩壞時，發給中高年資老員工的工資才是多餘的，理所當然會先被裁員。

另外，經過員工們長年累積的知識也製成標準流程，更是不限定有經驗的員工才能完成生產。接下來的世代人口更是越來越少，因此期望將來可以升到主管地位擁有部下的組成結構，已經不是最理想的了。

日本的人口金字塔

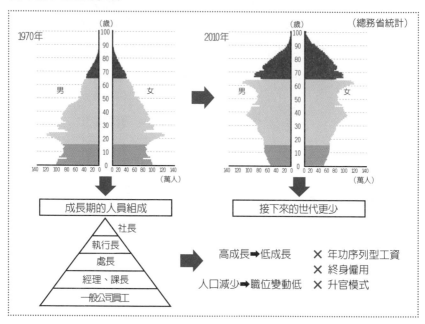

停止成長的日本經濟

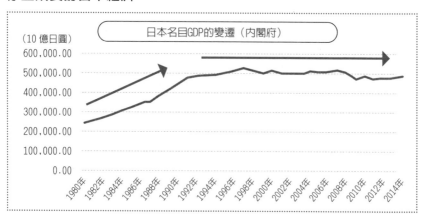

「『零加班費』　來自富士通的教訓」　　　　（摘錄「日本經濟新聞」2015.4.6）

　　富士通比其他公司更早，於 1993 年採用成果主義，於是出現為了成果不介意長時間工作的員工，和為了提高工作完成度而將目標降低的員工，因此導致連續重複地發生失敗。為了修正這樣的制度所造成的失敗結果，富士通開始重視達成目標的過程與團隊合作。將原本依照短期成果加薪與升遷的制度，修正為依照專門性或業務執行能力等個人資質決定。人事評價制度在 20 年間重新評估了 4 次。

　　被成果主義滲透的美國，也很難評價這樣的制度是否正確。美國微軟公司在 1 年前左右，發布停止將員工依成果分級的制度。原因是太過嚴格的成果主義，使員工比起注意企業本身未來的革新，更將心思放在眼前的短程目標。

（3）資本結構的變化

　　企業的資金籌備方式也改變了。以大企業為中心，開始轉換為**自股票市場直接籌辦資金的直接金融**，而非過去經由銀行融資的間接金融。主銀行制度變了樣。

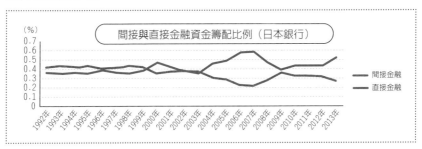

間接與直接金融資金籌配比例（日本銀行）

　　股票持有者的比例也產生了變化。企業與銀行不再互相持有對方股份（買股票時不再以面額進行交易，而是以實價計算，股價下跌時自己的資本將會損失），相反地**外國投資者持股率則提高了**。六大企業集團已成為過去。

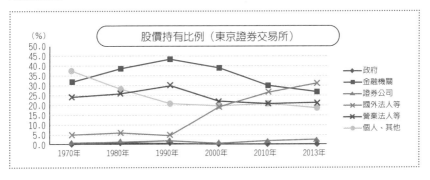

股價持有比例（東京證券交易所）

日本的股票市場，外資的交易額超過六成，有時甚至接近七成。以持股比例來看，東證一部內由於外國人持股率較高，甚至可以被稱為「外資企業」的上市企業超過 100 間，中外製藥、NISSAN 汽車、HOYA、花王等，都已經可以說是外資企業了。

外資股票持有率

(%)

Levis	84.0	ORIX	64.8
SKYLARK CO., LTD	77.4	HOYA	60.7
中外製藥	75.4	Aderans Co., Ltd	60.2
Ichigo Inc	73.3	新生銀行	59.3
NISSAN	72.5	大東建託	55.5
Laox CO., LTD	68.3	三井不動產	52.4
昭和殼牌石油	66.5	花王	48.3

(2015.5.15 Stockweather)

　　如此一來，當外資企業持續增加，經營型態當然也會改變為外資的形式。經營者為外國人，或是自其他企業挖角，造成高層經營者在好幾間公司流動的狀態。

　　全球經濟化，日本企業也向國外發展，交易對象變成國外企業，也是日本式僱用制度崩解的主因之一。

　　因為奈許均衡理論的關係，配合與自己有關的對象中，多數者選擇的行為比較有利，漸漸成為一個並非「打下基礎事前準備（OJT）」而是「先說結論」的世界。

外資經營者　　　　　　　　**在企業間流動的經營者**

卡洛斯・戈恩
(Carlos Ghosn)
(NISSAN 汽車)

Harold George Meij
(Takara Tomy)

原田泳幸
(蘋果→麥當勞
→Benesse)

新浪剛史
(LOWSON → SUNTORY)

(4)過渡期的日本

事實上，想立刻終止已經長期慣用的日本式僱用系統是不可能的。社會新鮮人（應屆畢業生）一括採用制度[註17]仍舊在執行，但增加的是非正式僱用（如：派遣）。目前非正職員工已經超過全體僱用員工總數的1/3；依照職場不同，有些非正職的派遣員所做的工作內容，幾乎與正職員工相同。

正職員工以「企業特有的特殊技能」留下，並僱用非正職員工做「一般、通用的技能」互補。

對非正職員工來說，加入過去的「企業特有的特殊技能」集團的工會也沒有意義，於是工會組織率越來越低，而且非正職員工不適用終身僱用、年功序列等制度，於是慢慢地奈許均衡之一的日本式僱用的均衡漸趨瓦解。**外部變數一旦改變，奈許均衡就會消失。**

增加非正職員工

（勞動政策研究・研修機構、厚生勞動省「工會基礎調查」）

奈許均衡崩解!?

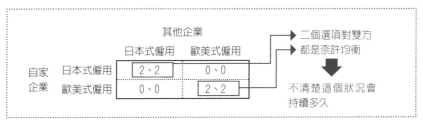

交換賽局

由每個人的手
畫出賽局樹

到現在為止，我們談到的賽局理論都是以參加者A與B同時參加的「靜態賽局」。接下來，讓我們來看看參加者輪流出手的情況和「賽局樹」吧！

　　到目前為止，我們談到的賽局理論都是「**靜態賽局**」，兩個參賽者同時選擇策略，類似猜拳的賽局。相較於靜態賽局，也有類似象棋、圍棋有時間差的賽局（**動態賽局**），例如兩個競爭企業「如果對手那樣做的話，我們就這樣做」。而分析動態賽局時，我們需要使用的就是「**賽局樹**」。讓我們同樣以第 156 頁的兩間加油站為例。

　　以右頁中間圖最左邊的 A 公司為出發點，是**樹根**。

　　先出手的 A 公司，選擇「高價格」或「低價格」的策略（手段）（選項＝**樹枝**）。

　　接著換 B 公司，同樣選擇「高價格」或「低價格」（分歧點＝**樹節**）。最後顯示 A 公司與 B 公司的獲利。像這樣一邊使用樹根、樹節、樹枝，一邊將樹展開，因此稱為「賽局樹」。賽局樹可以無限延伸下去，但我們這邊要介紹的是最為單純的賽局。當然，「B 公司先出手」也可以的。

　　要解開這個按照順序出手的賽局的關鍵，在於從後面開始解賽局。即反向思考：對於我打出的這一步，對方會如何應對呢？**從最終得到的獲利數字，推斷對手的策略。**

　　A 公司選擇高價格時，B 公司若也選擇高價則可以獲得的利益為 3；反之，若 B 公司選擇低價可以獲得 4 單位的利益，因此預測 B 公司會選擇低價格策略。同理，若 A 公司選擇低價格時，B 公司選擇高價格的獲利為 1 單位，與低價格戰略可以獲得的 2 單位利益相比，估計會取後者吧。預測 B 公司的戰略＝選擇哪一項，A 公司做出選擇策略＝手段的決策。

賽局樹

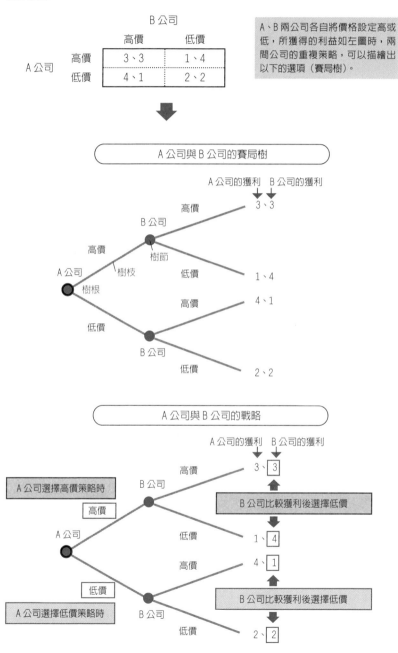

A、B 兩公司各自將價格設定高或低，所獲得的利益如左圖時，兩間公司的重複策略，可以描繪出以下的選項（賽局樹）。

搶先宣告，減少對手的選項

Commitment

> Commitment，意思是「約定、保證」。在經濟學上稱為承諾，指的是故意減少自己的選項，以達到誘導對方選擇對自己有利行動的策略。

在某城鎮中，披薩店 B 獨占著披薩市場。假設這時如右圖，A 店正計畫開店，A 店如果不參加市場，B 店的利益為 5 個單位，若 A 店在其他城鎮開店，那麼可以得到 1 單位的利益。當 A 店加入市場時，B 店所能選擇的策略可以是協商，也可以與之抗衡。若是 B 店選擇協商，那麼能夠獲得的利益為 2；若是選擇對抗而將商品價格調低，那麼利益會降低甚至接近於 0。

對 B 店而言，獨占市場所獲得的利益 5 單位是最為理想的。那麼要如何防止 A 店參加競爭呢？其實，B 店只需要對 A 店提出：「如果 A 店進入市場的話，我們 B 店會徹底對抗」類似這樣的 Commitment（宣告、承諾）即可。

B 店自己堵住了當 A 店參加市場時，可以選擇戰略中①高獲利的「協商」這條路。藉由這樣的動作，改變② A 店參加的利益為 0，相較之下不參加時的利益 1 較高，於是 A 店將會放棄開店、加入披薩市場與 B 店競爭。B 店，藉由封鎖（假使 A 參加市場後）自己未來最適當的行動，以獲得對自己店鋪來說最理想的結果。

在一期一會的匿名市場中，選項當然是越多越好。但是，在競爭對手為互相關聯的對象（個人、企業、國家等）之市場時，藉由縮小自己能夠採取的行動選項，並做出讓對手無法選擇最適當策略的宣告，有可能反而比較有利。「背水一戰」或「不與恐怖分子交涉」之類的宣告，或是家電量販店的「保證最低價（發現比我們更便宜的價格，我們將立即降價）」之類的宣告，也都屬於 Commitment（承諾）的一種。其他的店家就算將商品價降到最低，也會被先發表宣告的店家奪去市場。

有新參與者時的Commitment

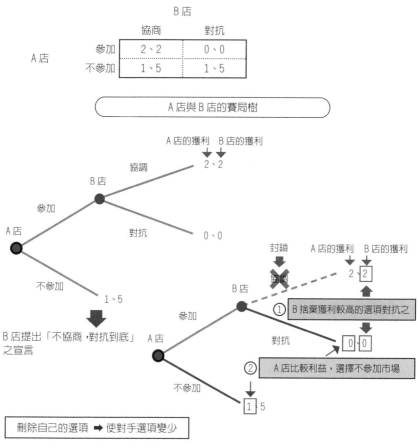

		B店	
		協商	對抗
A店	參加	2、2	0、0
	不參加	1、5	1、5

A店與B店的賽局樹

A店的獲利　B店的獲利
2、2

協調
B店

參加

A店

對抗　0、0

不參加　1、5

B店提出「不協商，對抗到底」
之宣言

封鎖　　A店的獲利　B店的獲利
協調　　　　　　2、2

B店

參加

A店

對抗

不參加　1、5

① B捨棄獲利較高的選項對抗之

0、0

② A店比較利益，選擇不參加市場

1、5

刪除自己的選項 ➡ 使對手選項變少

背水一戰

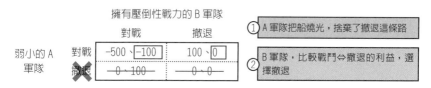

		擁有壓倒性戰力的B軍隊	
		對戰	撤退
弱小的A軍隊	對戰	−500、−100	100、0
	撤退	0、100	0、0

① A軍隊把船燒光，捨棄了撤退這條路

② B軍隊，比較戰鬥⇔撤退的利益，選擇撤退

美國的歐巴馬政權現正評估面對人質危機的策略，但是「不付贖金」仍舊為不會改變的基本方針。「理由很簡單，我們不想讓世界各地的美國國民也陷入危險！」（白宮發言人）。比起人質的生命，更重視是否會誘發新事件的風險。

（摘錄「朝日新聞」2015.2.8）

資
訊
差
異
與
對
策

市場內的資訊不對稱

宣告政策是否成立，是依據各競爭者釋放出來的訊息信用度是否夠高決定。

在市場中，「生產者持有的訊息」與「消費者持有的訊息」有如天壤之別。政府為了填補這兩者之間的「資訊不對稱」，尋求了各式各樣的對策，希望能解決這樣的差異（參考第 132 頁）。讓我們來看看有關「資訊的不對稱」的案例，以及其解決之道吧。

(1) 道德風險

這是指**當誘因改變時可能發生的狀況**。舉例來說：因為加入保險，結果事故發生率提升。

如同實際發生釣具投保卻無法維持完好的案例：平常以釣魚作為休閒興趣的人，使用價值數萬日圓以上的高級釣具。當這些器具沒有投入保險時，就會有盡量不要弄壞釣具的誘因，因此會小心翼翼地使用釣線或是釣竿等。

然而，當他為自己的釣具保 1 個月 300 日圓的保險時，會因為「就算壞掉了，保險也會賠」而隨意對待。像這樣的案例是由於「都加入保險也繳錢了，沒使用到保險也太虧」，因而改變了原本的誘因。

保險公司一開始預想的主要目標保戶，是偶而釣釣魚的「一般釣魚愛好者」，而實際上加入申請保險的卻都是「專業釣手」，理賠率太高以至於保險本身無法持續下去。

> **「修改攜帶品損害的補償範圍之說明」**　　　　　　　　（Yahoo! 保險「稍微保險」）
>
> 　2011 年 5 月 1 日之後「補償契約責任」的承保部分，更改釣具（釣竿、架竿器、釣具袋、竿袋、捲盤、攜帶式保冷箱、魚籠、網子、救生衣等，以及類似以上為釣魚設計的工具）等相關攜帶品增列為「不補償之對象」。
>
> 　修改理由為，攜帶品的保險金理賠支付中，**釣具相關的理賠金額特別高**，**損害了其他要保人間的公平性**。

珍惜並每天保養釣具的人，投保之後在釣具的使用上都變得草率，而且也有刻意弄壞的事情發生⋯⋯這就是所謂的「道德風險」。

（2）審查（**需求方取得有關供給方的資訊**）

　　保險公司不清楚有關加入壽險、醫療險的申請人的資訊。若是已罹患不治之症的人也與健康的一般人一樣加入保險的話，清楚自己帶病投保的人就比較有利。付出的保費少，但是能夠理賠的保險金較多，有這一層誘因驅使。

　　於是為了填補這個「資訊的不對稱性」，保險公司會在審查期間讓申請人告知健康狀態，而且在必要時實施體檢，並且詳細確認被保險人過去 1 年的就醫紀錄。另外，也會依照年齡的不同，適當地改變保費以降低風險。

　　汽車保險也是依照車子的里程數、駕駛者的年齡，以及駕駛人過去數年間的事故發生率等汽車駕駛訊息，並依照當事故發生時的「責任」而變更保費。

　　假設，保單條款設有當車子發生事故時，其後修理中的「10 萬日圓為要保人自行負擔」的免責條款時，要保人就會小心駕駛，以防發生事故時自己也要負擔部分費用。另外，汽車險還有分級制度，也就是越是沒有使用到保險，每年的保險費用就會越來越便宜的「等級」制度。

　　最近的日本車險，導入了一種可以裝在車子裡，直接確認是否為「安全駕駛」的機器，一旦確認為「安全駕駛」時，保險費就會比較便宜。

　　而將這樣的機器實際裝在車子上後的紀錄中，也發現要保人反而會更為小心地駕駛。

車輛的保險公司就是這樣利用這些分級制度與科技作為誘因，填補資訊的不對稱。

車內裝上機器，以駕駛方式決定保險費的系統

Drivers Navi 的安全駕駛診斷是以 1 秒 10 次的頻率，測量加速器、煞車、方向盤等車子的行動。藉由 DATATECH 公司至今累積的汽車駕駛數據解析技術，以及採用了公司獨特的演算數據解析，在預防事故與耗油量等觀點上對駕駛的技術來評分。

一般的駕駛者即使非常用心且小心駕駛，也只能在第一次得到 50 ～ 60 點左右。請將這個安全駕駛診斷視為方針，時時刻刻將安全駕駛與環保意識放在心上吧。

（SONY 損害保險）

---

(3) 發信號（Signaling）**（供給方對需求方提供資訊）**

要填補資訊的不對稱，除了來自政府的對策以外，在民間也有許多方法可行，其中之一為發信號（Signaling）。

比方說，生產者藉由廣告、宣傳、品牌行銷等，向消費者傳遞商品訊息（第 160 頁）。家電製品或中古車經銷商的「保證修理、退換貨」也是發信號的一種。修理、退換貨通常都會產生費用，而這個保證免費修理、退換貨，也保證了商品的品質。

就業市場中的消費者為企業，而生產者為求職者。在這樣的關係內也存在著資訊的不對稱。求職者向企業發信號的代表之一為「學歷」、「在校經歷」、「資格與證照」……等。

　　身為消費者的企業以這些訊息作為基準，用來過濾與選擇能力高的求職者。另外，還有實施「入社試驗」、「面試」等方式，以取得更多關於求職者的信息。上述兩項彌補資訊不對稱的方法屬於 (2) 審查。

　　如此一來，為了填補資訊的不對稱，勢必會有一筆龐大的**交易成本**＝花費（費用、時間、人力）。學生之所以要掌握學歷、證照，就是因為其背後有值得他花費時間和精力求得這些知識的誘因存在。

　　資訊就是關鍵。**獲得資訊就代表了要花費龐大的交易成本**，而能夠彌補這項開銷的是「信賴（理性）」，以及藉由瞭解對方而產生的「安心（感性）」。「安心」能夠降低成本。

　　日本的犯罪率低，公務員的貪污率也低，是一個就算錢包掉了也會找得回來的「安心」社會。請各位想像一下，日本到底花費了多少成本（社會的成本）去控制的。

供給方 →	信號 →	需求方
求職者	學歷　證照　檢定	招募者
企業	品牌化　股價　紅利	消費者
製品品質	廣告　保證修理、退換貨	消費者
駕駛人	保險的免責 未使用保險年份＝等級	保險公司
雄性獨角仙	巨大的角　龐大的身體	雌性獨角仙

供給方提示有關自己商品的詳細訊息，取得需求方的信賴。

匿名社會與看得到臉的社會

實際的市場，是(1)「一期一會的匿名性市場」，與(2)「有競爭對手，互相關聯的市場」兩者共存。

市場最少有分**兩種的市場**。我們每一個人並不是單單只屬於其中一種市場，而是同時存在於兩種市場內。

在都市裡，人與人之間的人際關係薄弱，與鄉下不同，住在公寓的人只知道「隔壁的人好像是做什麼的」就可以充分生活，這是都市生活的特徵。中世紀歐洲的格言中，有一句「都市的空氣帶來自由（原文：Stadtluft Macht Frei）」⋯⋯都市是人際關係薄弱的匿名社會，是人工做出來的空間。

我相信大家都有這樣的經驗：在人潮擁擠的電車上，偶然遇到同公司的同事、上司，或是有過生意往來的合作夥伴時，原本環繞在兩人間的「匿名的空間」瞬間變成「熟人社會的空間」。

實驗證明，人在有陌生人的情境下，與戴著面具或黑暗中的匿名狀況時的行為不同。前者的狀況，由於來自周遭的束縛太多，大家都在意其他人如何看待自己，因此無法順利按照自己想法行動。但在後者的狀況下，人則會做出與平常完全相反的行為。

匿名社會這類沒有人際關係的極端社會案例，實際上存在於網路社會中。在網路社會中其實常常發生，部落格的批判留言引發糾紛之類的案例，可以知道人能夠同時存在於「**匿名性社會**」與「**看得到臉的社會**」。

從「市場」、「日本式僱用制度」、「資訊的不對稱」、「交易成本」等面向來看，可以看出日本獨特的模式。關鍵是「**信賴**（用腦思考後）」與「**安心**（心裡感受到）」。**「信賴」是理性的，而「安心」則是建立在情感基礎上。**

兩種市場

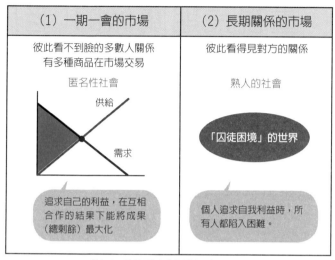

（摘自　神取道宏《個體經濟學的力量》日本評論社）

匿名環境

「部落格或短文網站　4 人中有 1 人『惡意』投稿」

　　根據獨立行政法人情報處理推進機構的網路使用者認知調查，使用智慧型手機或平板電腦在網路部落格或推特上投稿的人中，4 人中就有 1 人曾經在網路上「惡意發言」，毀謗或謾罵他人。

　　「毀謗或謾罵他人」、「粗俗的言語」、「輕蔑或貶低他人」、「否定他人人格」等，有過這樣的惡意發言行為之使用者高達 26.9%，比前年漲了 3.4%。而發言後感到「氣消了，覺得輕鬆」者占 31.9%，是為最多。

（摘錄「日本經濟新聞」2015.2.17）

· 男女學生各 3 人分別讓他們待在不同的房間，並讓他們「有 1 小時的自由活動時間」，所得到的觀察結果……

明亮的房間	全黑的房間
1 小時，聊天後結束。 專業是什麼？高中讀哪裡？兄弟姊妹有幾人？ 完全沒有訴諸於感情的話題 無聊。	確認場所。 談私人或是性的內容。 90% 的人互相撫摸身體。 50% 的人擁抱。 80% 的人開始有性衝動的傾向。

（摘錄　丹・艾瑞利《お金と感情と意思決定の白熱教室》早川書房）

重視長期關係的「老店」

日本人比較重視(1)「一期一會的匿名性市場」，還是(2)「有競爭對手，互相關聯的市場」呢？

讓我們來看看日本人對市場經濟的看法吧！根據對市場經濟信賴度的調查（右頁上圖調查），在主要國家中相信「即使會產生貧富懸殊，但自由的市場仍然能夠讓多數人過得更好」的人，占全國人口比例最低的是日本。

一般來說，對市場經濟不信賴的日本人，也不重視政府在市場中所扮演的角色。右頁中間圖表顯示的是，是否贊成「照顧無法自理、非常貧困的人是國家的責任」這個想法的調查報告，歐洲理所當然比起市場原教旨主義？化身的美國高。而**日本，不論是對市場經濟的期待，亦或是對政府扮演的角色的期待都很低**。

另一方面，**日本人自古以來重視的是，累積時間與客戶、交易對象、地區建立信賴關係**，例如日本的老店。

根據韓國銀行的調查「全球 41 個國家中，創業超過 200 年（2008年）」的 5586 間公司中，就有 3146 間公司來自日本（56%），有 873 間來自德國，222 間為荷蘭企業，196 間公司屬於法國的企業。全球歷史悠久的企業中，排名前段中有 6 名全部來自日本企業（前 10 中的 6 間公司），除了日本以外沒有其他國家能夠擁有這麼多老字號企業，所以日本可以說是世界第一的「老店大國」。

- 交換關係，是建立在交換對象的信用上。
- 消費者在確認商品品質前，必須先信任賣方才會決定是否購買。賣方也在信任買方的前提下，在收下費用之前先將商品交給對方。因此幾乎所有的經濟活動都是建立在信用之上。

（摘錄《中學社會 公民》教育出版）

➡交換的內容越豐富，越是必須信賴對方

對市場經濟與國家不抱期待的日本

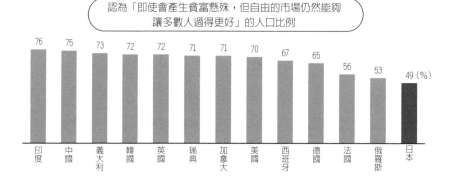

認為「即使會產生貧富懸殊，但自由的市場仍然能夠讓多數人過得更好」的人口比例

印度	中國	義大利	韓國	英國	瑞典	加拿大	美國	西班牙	德國	法國	俄羅斯	日本
76	75	73	72	72	71	71	70	67	65	56	53	49 (%)

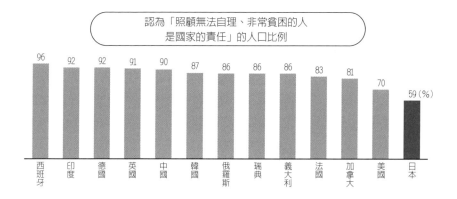

認為「照顧無法自理、非常貧困的人是國家的責任」的人口比例

西班牙	印度	德國	英國	中國	韓國	俄羅斯	瑞典	義大利	法國	加拿大	美國	日本
96	92	92	91	90	87	86	86	86	83	81	70	59 (%)

（美國　皮尤研究中心 Pew Research Center）

重視長期關係的日本

> **「亞洲共同向日本擁有百年以上歷史的企業學習『三方好』」**
>
> 　韓國國內超過百年的企業只有 7 間。相較於日本 2 萬 7335 間公司（2014 年的帝國 Databank 調查），等級實在是差太多了。
>
> （摘錄「日本經濟新聞」2015.3.30）
>
> **對 1925（明治 45 年）年前創業、設立的約 4000 間企業的問卷調查結果**
>
> Q「請用一個字說出身為老字號企業重要的、應該重視的事情」
> A　擁有壓倒性支持率的要素，第 1 名的是「信」、第 2 名「誠」。
> Q「老字號企業能夠生存下去不可或缺的是什麼？」
> A **「維持、提高信賴」**占 65.8%，最高。
>
> （摘錄 帝國 Databank 史料館、產業調查部編《百年企業的永續條件》朝日新聞出版）

日
本
社
會
3

日本社會的
機會成本與交易費用

呈現奈許均衡的日本型僱用模式，與「機會成本」、「交易成本」這兩種成本開銷有關。

　　機會成本：**指的是為了得到某物而失去的其他利益**。例如轉換工作跑道時，必須捨去到目前為止工作的年收入這個機會成本。在年功序列型社會中換工作時，比起新人，資深員工的機會成本較高。

　　交易成本：**指的是交易時需要花費的成本費用**。像是對初次見面的對象，或是初次面對的企業交易、採用活動等，就需要花費龐大的交易成本。另一方面，在與特定對手的承諾（Commitment）關係中，若能排除內部的不確定性因素，那麼交易成本就會變低。常見老店社會、系統、承包、企業內部交易等等，藉由一通電話就能夠達到特別通融的目的，以削減交易成本。內部交易關係、長期關係中，即使犧牲自其他對象獲得的利益和機會成本，也要維持與現在正在進行交易對象的關係。

　　承諾關係就是由此降低交易費用的，但另一方面卻會有機會成本的發生。在市場上，有時可以這麼做以達到與最理想的對象，用最便宜的材料費完成製品的交易。與特定對象的承諾關係，必須判斷因為承諾關係而減低的交易成本，以及在市場交易時需要的機會成本，哪一個成本相對來說比較高。

　　網路社會型態已經大大地縮減了交易費用。現在這個時代，在與國外製造商之間的交涉中，商品的低價魅力已經大過了交易成本。在證照、技能社會中，也縮減了採用時原本應該發生的交易費用，企業的機會成本也因此降低。只要在招募簽約時，要求「技能、證照」就可以達到削減交易成本的目的。技術職在換工作時，會發生的機會成本幾乎為零。現在，是降低填補資訊的不對稱所需要的花費，必須探討長期的交易與成本效果的時代。

日本社會（比起「信賴」、「理論」，更重視「安心」、「人情」）

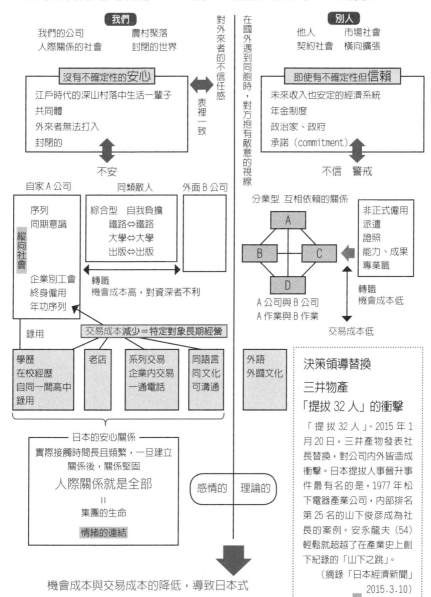

機會成本與交易成本的降低，導致日本式
的終身僱用方式和長期交易方式的優點不再。

（山根千枝《縱向社會的人際關係》講談社，
山岸俊男《從安心社會到信賴社會》中央公論新社）

決策領導替換

三井物產

「提拔 32 人」的衝擊

「提拔 32 人」。2015 年 1 月 20 日，三井物產發表社長替換，對公司內外皆造成衝擊。日本提拔人事晉升事件最有名的是，1977 年松下電器產業公司，內部排名第 25 名的山下俊彥成為社長的案例。安永龍夫（54）輕鬆就超越了在產業史上創下紀錄的「山下之跳」。

（摘錄「日本經濟新聞」2015.3.10）

打破日本傳統的輩分制，可以說是異類中的異類。

日本社會
4

由賽局理論得出的「縱向社會的人際關係」

羅納德・寇斯(Ronald Coase)：「當市場中的交易費用重複時，為了節省成本而需要一個在內部處理交易的組織，這就是企業的本質。」

用語言差異來比喻的話，就是當我方使用日語，而對方使用英語，在這樣的情境下如果想要完成交易，會考量要花費多少費用？想要獲得對方的安心、信賴又要等多久的時間？……如果「同為日本人」那麼「彼此能夠輕鬆溝通」會有這樣的想法，其實是由於「安心、信賴」在背後支撐著，也就表示**最小的成本開銷**。

彼此有著共同的文化，判斷對方的回應方式也會較為順利，組織也較能穩定地運作。但再以有著共同文化的前提延伸思考，會發現由於世代之間的文化隔閡，使用的詞彙與成長背景也不相同，這時要預測對方的行動就變得困難了。

這時，假設我們有類似時尚或政治傾向之類先入為主的想法，那麼日常生活的信息傳遞所需要的成本就會被制約。「這種時候，這些人會這樣行動吧」，或是「我們公司的員工應該會這樣行動，日本人的話、中國人的話，……會這樣做吧！」這就被稱作文化體系。

在賽局理論中，每個人必須有共有文化體系，才能夠穩定地共有同一個確信。所有人都知道（對手也知道）的規則，也就是共識。

文化會隨著時代、世代而改變。在日本，公平這個價值觀也是逐漸演化而成的。

根據 1990 年的調查，因為對日本企業依照能力不同，發放不同薪資感到「不公平」的人超過了 41.1%。然而，2000 年同樣的調查卻減少到 12.5%（右圖）。1990 年代的調查結果之所以會這麼高，是由於當時日本導入了業績導向型薪資發放的方式，因而影響了當時勞工階級對公平的感覺。

注重人際關係的日本社會

摘錄 山根千枝《縱向社會的人際關係》 講談社

　　許多人一起的團體生活，代表其背後必定存在著某種系統。有社會的地方必定就有結構，不然就會發生衝突，人民無法行動、社會變得混亂。日本人雖然說不採取理論上的行動，但不論日本人採取什麼樣的行動，其背後也必定都隱藏著理論。（筆者註：如電扶梯的奈許均衡案例）

讓擁有同性質者組成社會集團的運動法則，如下列兩項：

(1)讓他們感覺是一體的

　　我們的意識、對外部團體的對抗意識⇔排外性

　　・分業（橫向），是互相依存關係、契約關係。但是縱向，萬事屋[註18]、綜合化等一個組織就可以完成所有事。綜合大學、出版、放送、新聞、雜誌⋯⋯勢必會與同類型有敵對關係，並分等級。等級差別來自社會上的結構，並不是道德上的善惡問題。

(2)內部組織的生成、強化

　　情感的連結⇔證照的差別是理性的

　　・人際關係機能的強弱，與實際上接觸時間長短及頻率成正比；彼此的關係一旦建立就很堅固。

　　・日本轉職行為之所以少見，是因為相對於社會上的條件（例如：覺得一直換工作的人較沒有責任感的評價），是由社會選擇出來的結果。日本人清楚知道轉職對社會的損失之大。

　　・辛苦的經驗，大部分都是人際關係、特別是情感上的產物。比起達成共同的目的、工作成就感，人們更重視凌駕在其之上的人際關係。

　　・「大家都這麼說」這類社會強制性，是依照社會的條件而變化。日本人的想法或信念的變化，是由於對變動的社會，以價值觀來衡量而產生的。

　　・集團中的生命，不在於「主義（思想）」，而在人際關係。

摘錄「日本經濟新聞」2015.5.15～21

　　夏普（SHARP）2015年3月決算，最終發表了2223億日圓的赤字，結果是裁減了3500名人員。而且導致公司內部競爭主權，及對顧問的人事介入。來自銀行的關係者說到：「公司狀況不好時還發生內部鬥爭，與已經消失的三洋電器（SANYO）一模一樣。」

10年內，日本人對公平感的變化

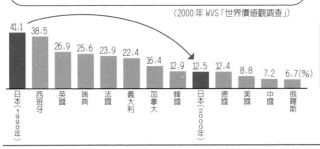

同年齡、工作內容相同的2位秘書能力有差時，
認為兩者工資有差別是不公平的人的比例

（2000年 WVS「世界價值觀調查」）

日本(1990年)	西班牙	英國	瑞典	法國	義大利	加拿大	韓國	日本(2000年)	德國	美國	中國	俄羅斯
41.1	38.5	26.9	25.6	23.9	22.4	16.4	12.9	12.5	12.4	8.8	7.2	6.7(%)

未來，日本也不一定會重視人際關係、年功序列、同期意識等價值觀。

Column 4

●

「信賴」與「安心」

信賴建立在理性上，安心則以情感為基礎。

日本人重視的是奠基於「內在感覺上的安心，因此從幼年和青少年時期開始就會這麼說：我們班，我們學校……等，將「內與外分開來」。

建立在匿名社會上的「市場」，是以「信賴」對方為前提。像是美國，重視由不同習慣、不同宗教的人們構成的「契約」，為了遵守契約而要求信任。

而重視人際關係的日本，相對比較無法理解「契約」的概念。契約就是所要求完成的範圍＝限定義務，以及確定其他不需要做也可以的事項，隨時可以變動。

原本猶太教、基督教、伊斯蘭教就是與神的契約宗教。另外，中世紀歐洲建立在契約上的封建制度，與日本的封建時代有決定性的差異。家臣為君主報仇也是建立在君臣間的契約關係上。

另一方面，日本武士所謂的報仇，則類似於為雙親復仇是孩子的義務，很多討伐女敵（以外遇的妻子和其姦夫為對象）這類事情，是因為「家」同時建立在內的基礎上。日本為主君尋仇的有芳賀高定、豐臣秀吉以及赤穗浪士，相較之下為尊親報仇的案例意外地非常少。建立在內部的人際關係、重視情感，對於外部的排外性，與對市場的信賴低（第 196 頁）為一體兩面。

山岸俊男「可以協調的新關係」

日本，比起自己有更加重視集團利益的傾向；美國則是個人主義較強，哪一種比較會信賴他人呢？其實個人主義的美國人比較可以融入周遭環境，也較容易信賴他人。而「安心社會」的日本人只願意跟固定的人作交易，比起和不認識的人交易容易被騙，寧願和不會背叛自己的人作生意，且風險也較低。但是成長是需要新的「機會」的。看清楚他人，自己也發出信號，這才是「信賴社會」。歐美國家為了追求交易的機會，很早就開始建立信賴社會了。

（摘錄「日本經濟新聞」2015.8.21）

行為經濟學揭露
人類的不合理性

人類的經濟行為 並不是完全理性的

相較於一般人認為人是思考、嗜好都固定的「理性經濟人」，行為經濟學認為現實世界的人們會依照情況或氣氛等因素行動，而且是「不理性

截至目前為止，我們說明了 (1) 分析「需求與供給的市場」的**傳統經濟學**，以及 (2) 分析「在長期的關係內，其他參與者一起在市場競爭時我方的選擇」的**賽局理論**。這兩個市場皆是以「基於經濟的合理性，理性的選擇」為前提，在這個大前提下，預設人類只會依照考慮自身獲得最大利益而行動，是「Homo Economicus ＝理性經濟人（理性的生產者與消費者）」。

理性經濟人，指的是總是採取合理行動的人，作為企業經營者追求目標與利潤的最大化；作為消費者則追求效用的最大化，並且常常選擇效益最高的行動，就如同電影「星際爭霸戰」中，沒有情感、理性的瓦肯人「史巴克」一樣的人物。然而，實際存在於世界上的人是「Homo Sapiens（有智慧的人）」。

在日本，交通事故發生率正逐年減少，但是高齡者的駕駛事故比例卻逐年擴大。依據客觀的分析，高齡駕駛者的危險度高，但是在當事人的認知研究中，則會產生年齡越大「自認為能夠迴避事故的自信度越是增加」的矛盾。

這個章節所要探討的行為經濟學，主要是以「Homo Sapiens（有智慧的人）」的 (1) 情感、價值觀、理性的關係，以及 (2) 依據理性合理地判斷，這兩項重點是否真的能夠符合理性經濟人（Homo Economicus）的選擇，作為探討的重點。

另外，神經經濟學則是探討在進行這樣的行動選擇時，(1) 情感、價值觀、理性的關係和 (2) 合理判斷這兩者如何運作？並且說明、補充大腦如何運作。若沒有這些研究，我們將無法理解或說明經濟行為。

到目前為止的經濟學人像＝理性經濟人（Homo Economicus）

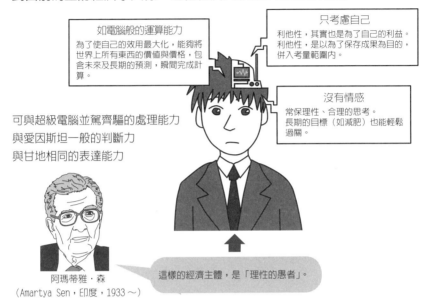

如電腦般的運算能力

為了使自己的效用最大化，能夠將世界上所有東西的價值與價格，包含未來及長期的預測，瞬間完成計算。

只考慮自己

利他性，其實也是為了自己的利益。利他性，是以為了保存成果為目的，併入考量範圍內。

沒有情感

常保理性、合理的思考。
長期的目標（如減肥）也能輕鬆過關。

可與超級電腦並駕齊驅的處理能力
與愛因斯坦一般的判斷力
與甘地相同的表達能力

阿瑪蒂雅・森
（Amartya Sen，印度，1933～）

這樣的經濟主體，是「理性的愚者」。

到目前為止的經濟學中，設定的市場參與者是如同 Android 一般理性的經濟人。
但實際上使市場得以運作的並非理性的人。阿瑪蒂雅・森批判了那些忽略人類非理性的論點。

「合理性」與背離

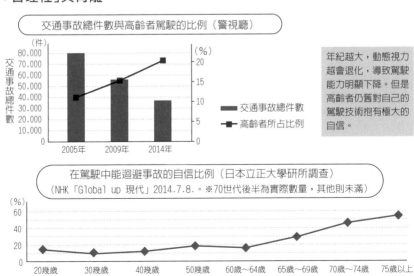

交通事故總件數與高齡者駕駛的比例（警視廳）

年紀越大，動態視力越會退化，導致駕駛能力明顯下降。但是高齡者仍舊對自己的駕駛技術抱有極大的自信。

■ 交通事故總件數
■ 高齡者所占比例

在駕駛中能迴避事故的自信比例（日本立正大學研所調查）
（NHK「Global up 現代」2014.7.8。※70世代後半為實際數量，其他則未滿）

效率與公平
哪個比較重要？

市場經濟中，商品、服務市場與勞動市場是同時成立的。
對勞動市場來說，公平壓倒性地比效率重要。

效率與公平是經濟學所要處理的主要課題：「如何將餅變得更大？以及如何分配？」市場經濟的效率是引號中的前一句，而社會福利、財政政策則是後一句；至於要如何公平地分配？這個問題由於每個人的價值觀皆不同，因此沒有唯一的正解。

但是，市場經濟重要的另一半：**勞動市場中，關心是否公平的影響比理性的經濟動機的影響來得大。**

以下是由喬治‧阿克洛夫（George A. Akerlof）以及羅伯‧席勒（Robert J. Shiller）在《動物本能：重振全球榮景的經濟新思維》一書中提到的事件。

經濟學博士阿爾伯特‧李斯（Albert Rees）專攻「勞動經濟學」。自美國芝加哥大學轉任到普林斯頓大學，成為「工資物價安定委員會」的委員長，其後任職普林斯頓的校長。他在好友，勞動經濟學者雅各‧閔沙的紀念會議上，回顧了自己作為經濟學者至當時為止的人生。

> 在我長達 30 年的任教期間所使用的教科書中，也曾經說明過「決定工資的新古典派理論」。自 1970 年代中葉開始，我參加了決定並管理工資薪水的職務，其中包括尼克森總統或福特總統在位時的三個工資安定委員，以及兩間企業的社長職務，其後我任職於私立大學的校長，以及財團的理事長。
>
> 在任職這些職務的期間，我自己教學至今的理論可是一個都沒有派上用場。**關於現實世界薪資設定的主要因素，與新古典派理論中的論點完全不同。我認為在所有層面上最為重要的是公平。**

在交涉行為中是否公正，將成為一大動機，並且扮演著極為重要的角色。自各式各樣的研究成果中可明確瞭解到，希望能夠保持公正以及利他行為……等等，都是身為人的根本人性。

傳統經濟學與行為經濟學的不同

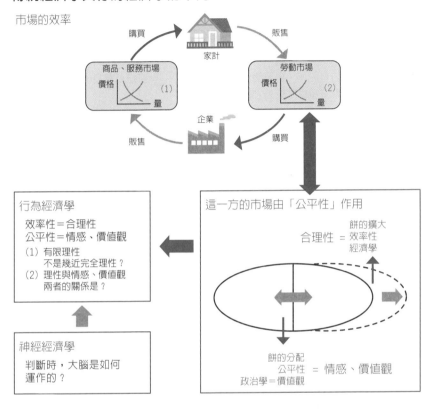

市場的效率

決定工資的不是市場，而是「公平性」

吉川 洋「要求提高工資，勞團用『握手』決定工資」

　　2013 年秋天，安倍政權在官邸招開「政勞使會議」。政府針對業績良好的大企業，要求企業方必須提高勞工薪資。有人批評「應該由市場決定工資，政府的介入是錯的。」其實主張「工資由市場決定」是不正確的。

　　因為工資交涉的關鍵是「公正」。決定工資的重點並不是「看不見的手」，而是「看得見的握手」。美國的總體經濟學學者阿瑟‧奧肯（Arthur M. Okun）用這樣巧妙的詞語表達。工資的多寡，並非取決於單純的供需理論。認為工資取決於市場的論點，也只不過是真相的其中一面而已。

（摘自「讀賣新聞」2015.3.29）

吉川 洋（1951～）

神經經濟學

從大腦的運作方式分析經濟學

21世紀始，攝影腦部活動影像的fMRI與PET檢查普及化，在調查腦部、解決複雜問題上，變得更加容易。

日常生活中，我們每天都會面對與報酬相關的金錢、或與食物有關問題的選擇，這是由大腦的哪一個部分在運作呢？回答這個問題的是神經經濟學（Neuroeconomics）。神經經濟學，是從大腦的構造以及運作方式的觀點，以瞭解行為經濟學為目的。

人類的大腦包含有兩個部位，其一是較為動物本能的「大腦邊緣系統」，包含早期「以確保每天食物來源為重要之時代」而發展出來的(1)「**島葉 (Insula)**」；其二為相對來說較晚開始發展的「大腦新皮質層」。

大腦邊緣系統主司情感，而在大腦新皮質層中，特別是 (2)「**大腦額葉前區**」則主司理性的思考。

大腦額葉前區，就如同在管弦樂團中的指揮，主要功能是整理來自大腦各區塊的情報，是新皮質中最為優秀、最新且體積在大腦發展過程中增加最多的部分。

在新經濟學的領域中，廣受大部分學者接受的一個理論即是：人類在作判斷時，腦的不同區域都在互相競爭。**主司情感的 (1) 大腦邊緣系統與主司理性的 (2) 大腦額葉前區兩相對立，依據哪一個部分的活動較大來左右人的判斷。**

(1) 包含島葉的大腦邊緣系統，支配著有關於眼前的利益或損失的情感；與之相對的 (2) 大腦額葉前區則評估將來的利益、自我限制等，與理性思考相關。這麼說來，理性經濟人「Homo Economicus」可能就只有大腦額葉前區而已吧。

大腦的構造與運作

〈側面看腦部的主要區塊〉

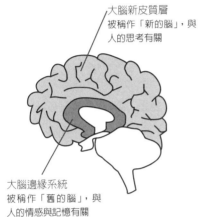

大腦新皮質層
被稱作「新的腦」，與
人的思考有關

大腦邊緣系統
被稱作「舊的腦」，與
人的情感與記憶有關

〈正面看腦部切面圖〉

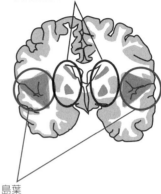

紋狀體
與對報酬的反應和開心有關

島葉
與類似開不開心的無意識亢奮情
感相關

〈側邊看大腦額葉前區與島葉〉

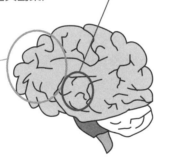

大腦額葉前區
大腦新皮質的一部分，
類似經濟計算的理性認
知活動

島葉情感優先，而大腦額
葉前區則作理性的計算。
由於大腦邊緣系統中的島
葉之運作對行為有極大的
影響力，人的經濟活動就
不可能常保理性。

大腦額葉前區的發展

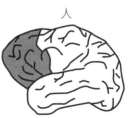

人

紅毛猩猩

貓

狗

人類的大腦額葉前區占整個腦部的比例明顯較高，這區域也是大腦在進化過程中最
為發達的部分。

即使吃虧
也會重視公平性!?

可以分辨人的利他行為到底是為了最後回報給自己的報酬，還是為了原本的利他性的其中一種賽局，即為「最後通牒賽局」。

經濟行為是否公平、公正，其實不單單只是「自利主義」，其中同時也包含著「利他主義」、「合作行動」嗎？在考慮公平性的賽局中，有一種「最後通牒賽局」（請參考右圖）。

在傳統的經濟學中，被「自利」思想支配是非常合理的。因此會認為當提議者提出「提議者分配 9 萬 9000 日圓，接受者分配 1000 日圓」的分配方式，對方也會接受吧！然而事實卻不是這樣。在這個最後通牒賽局中，多數提議者分配 3 萬～5 萬日圓給接受提議的人。另外，覺得分配得太少的接受者則會拒絕提議。

假設，以學生為對象，實施如何分配 1000 日圓的遊戲，其結果如右頁下圖，將會分配三到五成給接受者。另外，根據全球關於這個遊戲的 37 件論文中的分析結果，提議者平均分配 40.41％給接受者，等於 1000 日圓中分得 400 日圓（大垣昌夫《行為經濟學》有斐閣）。

接受者的拒絕率為 16.2％。由拒絕率可以知道，相較於沒有人拒絕的提議者與接受者各拿 50％的分配提議方式，當提出的金額越低時，拒絕率就越高。在某個實驗結果中，報告了 25％以下的分配方式幾乎被所有接受者拒絕了。

實驗狀況顯示，拒絕分配 10％的接受者，認為這種分配方式是「不公正、不公平」的，可能認為對這種不公平待遇即使是自我犧牲也要「予以制裁」。

或是，原本期待提議者的體貼，也就是期待提議者的利他性，但是這個期待沒有被滿足，因此接受者感覺被背叛了。

最後通碟賽局的規則

- ・A、B 2 人，A 得到 10 萬日圓，與 B 對分
- ・10 萬日圓分給 B 多少，由 A 自由決定
- ・B（接受者）不滿 A 的提議時，可以拒絕
- ・B 同意 A 提議的金額分配時，2 人都可以拿到錢
- ・B 拒絕 A 提議的金額分配時，10 萬日圓將被沒收，2 人一毛錢都拿不到

※ 金額的設定有
很多種。

對理性經濟人執行最後通牒遊戲時⋯⋯

B（接受者）　　　A（提議者）

假如 A 提議分 10 萬日圓
中的 100 日圓給 B，對
追求自我利益的理性經
濟人來說，能夠理性接
受提議，毫不猶豫地答
應。

人類的實際狀況是⋯⋯

B（接受者）　　　A（提議者）

人類實際上的狀況是，如果 A 提
議自己獨占 10 萬日圓中的 9 萬
9900 日圓，B 會憤怒且拒絕接受
剩下的 100 日圓，寧願讓 A 一毛
錢都拿不到。

人重視公平性。

實際的最後通牒賽局提議金額

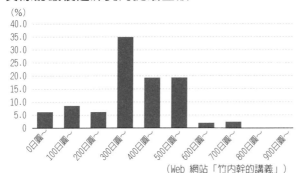

（Web 網站「竹內幹的講義」）

左邊的圖表，實際遊戲
實施的對象是學生，並
且讓 2 人分配 1000 日圓
的實驗，其中 A（提議
者）提議給 B（接受者）
的金額。提議者會提出
7:3 或 5:5 等相對比較
公平的分配方式。

人性的自私
究竟到怎樣的程度？

「獨裁者賽局」比起「最後通牒賽局」，更明確了自利心與利他心的定位。

在最後通牒賽局中，提議者為何會提議三至五成的分配額呢？我們可以認為是 (1) **自利的動機**與 (2) **利他的動機**這兩種原因。

(1) 是指「分配給對方比較少的話，有可能會被拒絕，因此為了自己的利益，將與自己差不多程度的金額分配給對方比較好」。這是為了自己的利益所提出分配方法。

(2) 則是當提議者認為「對方高興的話我也開心」，或是單純覺得「平分比較好」、「利益是應該要平分的」。

排除選項 (1) 的就是稱為「**獨裁者賽局**」的實驗。

同樣以學生為實驗對象，結果如右下圖。另外，依據其他與獨裁者賽局實驗有關的 129 個論文分析結果，得到的平均分配率為 28.35%（也就是 1000 日圓的 28.35%，差不多 300 日圓）。順帶一提，零分配占 36.11%、平分則占 16.74%、全部分給對方的占 5.44%（大垣昌夫《行動經濟學》有斐閣）。

這個獨裁者賽局中，有一半以上負責提議的人都提出不公平的 10:0 或 9:1 的分配，可以說是只考慮自利的數字。但是整體來說，接受提案者必定有 20 ～ 30% 的配額，並且其中也有分配五成的案例。換句話說，這不是在 (1) 自利的動機驅使下採取的行動，而是 (2) 利他的動機，也就是說「分配給對方的動機，不一定完全是自利的」。

在提議者與接受者彼此看不到對方的「匿名性」實驗下，不分配給對方的比例增加，因此可以說在匿名狀況下，人就會變得自私。但是這個狀況下，也有提出分配給對方的案例存在，這是由於 (2) 利他的動機代表**「仁慈」**或**「同情」**這類的情感驅使。

獨裁者賽局的規則

※ 金額的設定有很多種

· A、B 2 人，其中 A 得到 10 萬日圓，分配金額給 B
· A 可自由決定要分 10 萬日圓中的多少給 B
· B 不能拒絕 A 提議的金額分配。

獨裁者賽局的實際狀況……

B（接受者）　　　A（提議者）

與最後通牒賽局不同之處，在於接受者沒有拒絕的權利，也沒有對提議者報復、制裁，使其獲利也變成零的選項。

理性經濟人的狀況

B（接受者）　　　A（提議者）

完全理性，只追求自我利益的理性經濟人，則會毫不猶豫地獨占 10 萬日圓，而且 B 也能接受這樣的結果。

實際獨裁者賽局中所提議的金額

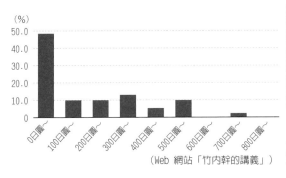

(Web 網站「竹內幹的講義」)

以學生為對象，實施由 2 人分配 1000 日圓的實驗中，由 A（提議者）對 B（接受者）提出金額分配。雖然在獨裁者賽局中，全額獨占的選項相對為理性的判斷，但實際上分給對方一部分的人卻也不少。

人們不一定總是追求自我的利益，也是由有利他的動機驅使而採取行動的狀況。

情感與大腦的運作左右人的決定

腦與行為

諾伯特‧哈林(N.Haring)和奧拉夫‧施托貝克(O.Storbeck)提到:「在神經濟學研究中發現,人在判斷時,大腦的不同區域會互相競爭。」

當在最後通牒賽局、獨裁者賽局中感到分配不公平時,大腦被激發的是被稱為「島」的兩側前島葉部分。**島葉是人的憤怒、嫌惡感等否定情感反應的區域**,另外也是對道德感或對物體反感(惡臭)、精神的不舒服感(喝苦茶汁)產生反應的來源,會對大腦發出不愉快的指令。

對方的提議進入大腦時,人的大腦額葉前區首先會掌握主導權。因為知道提議的分配是隨機的,並不含有公平、不公平的意圖,所以島葉並不會立即發生作用。

但是在獨裁者賽局的狀況下,大腦額葉前區正處於休息狀態,不考慮是否要接受提議者的分配方案,而只由島葉單方面地忍受屈辱。

情感會影響人的決定,右圖的實驗「最後通牒賽局」(1)中,參加實驗者提議了 75%:25%這樣不公平的分配方案。這時,一開始記錄下「令人感到火大的經驗」的團體 A 比寫下「很開心」的團體 B,會更傾向選擇拒絕這個方案。就算在看完電影讓心情沈澱後再一次執行實驗,其結果也是相同的。

接著,等經過充足時間平復心情後,再對相同的對象實施相同實驗,但這次讓他們成為「提議者」。

於是團體 A 向「接受者」提出了幾近平分的分配方式,而團體 B 則對「接受者」提出了更不合理的分配。團體 A 以「感到火大所以不太能接受」為行動基準,判斷若是分配得太過不合理,對方也是不能接受,因此覺得「應該要提出更公正的分配,對方才會接受」。

大腦的運作與行為傾向

在最後通牒賽局中，提議不公平的分配時⋯⋯

・ 活化與不愉快有關的島葉
　　→拒絕機率較高

・ 大腦額葉前區活躍
　　→接受提議的機率高

島葉
與類似愉快、不愉快的無意識亢
奮情感相關

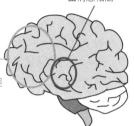

大腦額葉前區
大腦新皮質的一部分，執行如同經
濟計算一般理性的認知活動。

人的情感影響決定

(摘自 丹・艾瑞利《不理性的力量（the upside of irrationality）》)

團體 A		團體 B

實驗一開始，參
加實驗者回憶並
記錄下「令人火
大」的感受。

實驗一開始，參
加實驗者回憶並
記錄下「開心」
的感受。

最後通牒賽局（1）　對接受者來說不公平的分配

A

拒絕方案的人
較多

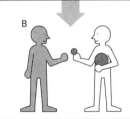

B

接受的人較多

最後通牒賽局（2）　這次擔任決定分配的提議者

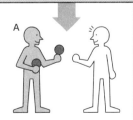

A

提議公平提案
的人較多

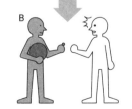

B

提議不公平提案
的人較多

若是公平性受到背叛？

當感覺不合理時，人會非常憤怒。對背叛自己的對象，即使付出代價（錢、損失）也要表達憤怒，這時大腦會透過這些洩憤行為而得到快感。

「**信賴遊戲**」的實驗結果（參考右頁**實驗 1**），如果對方有反擊的機會時，多半狀況下會毫不客氣地採取報復行為。這時，實驗參與者的腦中與報酬和喜悅相關的**紋狀體**（第 209 頁）被激發，特別是對對手施加嚴格懲處的人，他的紋狀體越會激烈運動。

執行另外一個**實驗 2** 的結果也相同，若是給予其他參與者，可以自掏腰包懲罰不合理的參與者的權力，當對其他實驗參與者選擇自利的行為感到不爽時，他們能夠藉由自掏腰包的方式，施以懲罰手段獲得愉悅的感受。

這時，大腦額葉前區也因為採取理性的認知作業而開始活躍。為了報復對方，報復者願意支付的金額與從懲罰對方獲得的滿足感呈正相關的關係。依據研究者的解釋，報復者是藉由執行制裁以獲得自我滿足與自我確認。

實驗的參與者都重視「公平性」，報復與對公平性的信賴是一體兩面的。人在大部分的狀況下，會試著互相信賴，所以當以信賴為基礎的社會契約被踐踏在地上時，會異常地憤怒。

人會以公平為基準，來做出不引以為羞恥的行為，但另一方面也會要求他人對自己公平。相反地，當被認為對他人不公平的話會感到屈辱，而在他人對自己做出不公平的行為時，也會感到憤怒。**因此，人對公平的考量是決定經濟決策時的一大動機**，並且與安全感，以及能夠與大家一起順利工作的能力也有關係。

信賴遊戲 實驗1

（恩斯特·費爾與賽門＜蘇黎世大學＞實驗）

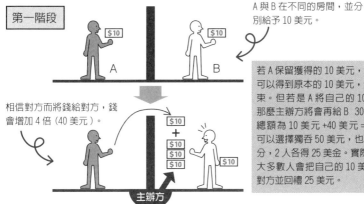

A 與 B 在不同的房間，並分別給予 10 美元。

第一階段

相信對方而將錢給對方，錢會增加 4 倍（40 美元）。

主辦方

若 A 保留獲得的 10 美元，則 A 與 B 都可以得到原本的 10 美元，然後遊戲結束。但若是 A 將自己的 10 美元給 B，那麼主辦方將會再給 B　30 美元，B 的總額為 10 美元 +40 美元 =50 美元。B 可以選擇獨吞 50 美元，也可以與 A 對分，2 人各得 25 美金。實際的實驗裡，大多數人會把自己的 10 美元給對方，對方並回禮 25 美元。

第二階段

可惡～那傢伙居然獨吞了！我損失多一點也沒關係，我要復仇！

主辦方

如果 B 獨吞 50 美元的話，A 可以懲罰 B。A 可以多付 1 美元，使 B 損失 2 美元。只要多付 25 美金就可以讓 B 的 50 美元都被沒收。

信賴遊戲 實驗 2

實驗中，參與者將錢集中放到鍋子裡。蒐集起來的錢由主辦者增額 2 倍，之後再任由參與者們自行分配。但是，若其他人都把錢放進去而自己沒有，自己可以直接獲得更多利益了。在重複幾次實驗後出現背叛者，於是其他人也開始背叛行為，所有的實驗參與者都變得自私。

我只要假裝放就好……。

蒐集的總金額會被增加 2 倍，再分配給所有參加者。

利他性 1

人有著無論如何都會想要幫忙的特性

有論點認為：人會感覺生氣、同情，或後悔沒伸出援手，這些情感感受是因為無意識累積的學習經驗。

採取利他行動時，我們感覺到的是「體諒、同情」；當我們遇到「不公平、不公正」時，會感到憤怒；看到有人有困擾時會「想要幫助他」；如果背叛他人的信任時會感到「內疚」；對他人的不講理行為則會湧出「憤怒」的情感。

幫助他人時，紋狀體會開始發生作用。也就是說，**做了好事心情就會變好**。利他行為如果不是作假的，行動後將會為我們帶來滿足感。人，是「會有想要互相幫忙的傾向，若不盡最大努力去抑制這個本能，是無法克服的。」（James Rilling）

另外，人的感覺也會與其他人的情緒相關，是可以一起經歷痛苦、快樂。比如，在妻子的手腕上扎針，丈夫的中樞神經就會有彷彿在自己手腕上扎針般的反應。神經經濟學認為這個共感也是區分動物與人不同的界線（參考右頁）。

另一方面，在比較黑猩猩與其他動物行為的研究中，更發現了一項**人類顯著的特徵之一：人類的高利他性是其他動物身上都不曾發現過的。**這裡所說的利他行為，意指降低自己的滿意度，並提高他人的滿意度之行為。

在右頁的實驗中，我們各給兩隻黑猩猩硬幣，並讓他們知道將硬幣投入機器中，機器會掉出一顆蘋果給另外一隻黑猩猩。實驗結果發現兩隻黑猩猩都會開始偷懶，直到最後都不再投硬幣，所以黑猩猩對於只對他人有利的行為是不會去做的。（山本真也＜神戶大學＞、田中正文＜京都市動物園＞）

紋狀體與快樂

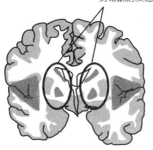

紋狀體
對報酬的反應與愉悅相關

紋狀體能感受到從食物、藥品或性愛得到的興奮感與本能的快感。或是判斷「有利潤」時也會產生反應，興奮的比例與錢多寡成正比。

與猴子有關的公平性實驗

（法蘭茲・德瓦爾 Frans De Waal《道德性的起源（The Bonobo And The Atheist）》紀伊國書店）

（1）捲尾猴

回答相同的問題並給予報酬，給其中一隻猴子小黃瓜，給另外一隻葡萄。在相同的報酬下，課題的進行沒有問題，但是當報酬有差別時，得到小黃瓜的猴子斷然拒絕進行問題。依據最後通牒賽局中的「合理性」來說，即使是小黃瓜也是聊勝於無，但結果卻是猴子不滿拿到的是小黃瓜不是葡萄，而將之丟棄。

（2）倭黑猩猩

只有某個倭黑猩猩得到很多的牛奶和葡萄乾。但是過一陣子，當牠發現同伴與家族一臉羨慕地看著牠的食物後，就會開始拒絕吃一切提供給牠的食物。對實驗者用姿勢或手勢指示夥伴們，在夥伴們得到食物之前，自己不碰贈與的食物。

（3）黑猩猩

進行與捲尾猴相同的實驗，給兩隻黑猩猩有差別的報酬——葡萄與胡蘿蔔。當對方得到葡萄，而自己卻是胡蘿蔔時，得到胡蘿蔔的黑猩猩會拒絕回答問題，或是把胡蘿蔔丟掉。於是拿到葡萄的黑猩猩也開始動搖，並拒拿葡萄的案例也很多。

利他性2

公平主義
是什麼時候出現的？

有學者認為：「文化的能力與遺傳能力被儲存在基因庫裡，並歷經幾世代才成為有利社會的行為」。

讓我們以 4 萬 5000 年前完成進化，並與現代人持有相同文化的更新世晚期狩獵民族的研究（克里斯多福·博姆 Christopher Boehm《Moral Origins》）為基礎，來探查公平性的起源吧。

狩獵民族擁有「由集體成員，甚至包含家族以外的大型集團，一起分食捕獲到的大型動物」這樣的社會體制。在調查了一百五十種不同的狩獵民族後，我們發現這些狩獵民族的表現非常符合公平主義，而且是建立在以同情為基礎的社會合作關係上。

仁慈與寬容等情感促使他們有豐富的利他行為，並抑制對糧食的個體競爭，減低了團體內發生爭執的可能性。這種群體模式，在棲息北極苔原、熱帶雨林、乾燥地帶等地的大部分狩獵民族身上都可以看到。

不論在哪種環境下，都能夠順利運作的模式只有一種。對集團以外的人釋出敵意的方式，不論是人類還是黑猩猩的表現都一樣，但是人類能做到成立組織、公正且公平地分配肉類或者糧食。幫助有困難的人，厭惡不公平的事物，這些都是使人類社會朝著固定方向發展，並長時間貫徹下來的行為。

另外，**也有實驗證明一個人的價值觀是自利主義還是公平主義，與此人接受的教育和家庭背景有關。**

一個人的公平主義是自家庭或在學校接受教育的成果，而非一出生就擁有的價值觀。若是這類屬於非認知能力的人格發展對經濟不平等有極大的影響力，那麼人類更應該重視學齡前的教育，而非進入學校後的知識能力訓練。

公平主義是後天的？ 實驗 1

（恩斯特・費爾＜蘇黎世大學＞的實驗）

選擇與別人共享糖果的分配方法──三種課題

❶ 自己與對方都各拿 1 個，或是自己只拿 1 個
❷ 自己與對方都各拿 1 個，或是自己拿 1 個並給對方 2 個
❸ 自己與對方都各拿 1 個，或是 2 個都給自己

小朋友是公平主義的話，不論上面哪一種
選擇的答案都會是自己與對方都各拿 1 個……。

3～4 歲孩童，被自利的本能支配，沒有考慮對方的傾向較強。
5～6 歲孩童，在第三個課題中選擇公平分配的孩子占 22%。
7～8 歲孩童，在第三個課題中選擇公平分配的孩子占 45%。

公平主義是後天的？ 實驗 2

Alan Sanfey（亞利桑那大學）的實驗

以小孩子為對象，執行焦糖糖果的最後通牒賽局。
幼兒（6 歲以下）知道如果拒絕的話什麼都拿不到，因此即使是不公平的分配方法
也都會接受；而 7 歲以上的孩子，則與大人反應相同。另外，自閉症的孩子則與年
齡無關，一律採取和幼兒相同的反應。

> ### 「競爭與公平感」
>
> 　　不論是經濟學或是神經生物學，強化未來的勞動力並提高生活品質最有效的方法，即
> 是改善在幼年時期過得不好的孩子們的處境。
> 　　　　　（摘自 大竹文雄、赫克曼〈芝加哥大學〉、克努森〈史丹佛大學〉共同論文）
>
> ### 「『貧困家庭的孩子，腦也比較小』的衝擊」
>
> 　　哥倫比亞大學的神經科學家金伯利・諾布爾（Kimberly Noble）博士的團隊，以全美
> 1099 人的孩子與年輕人作調查，年收入未滿 2 萬 5000 美元（約 300 萬日圓）之貧困家
> 庭的孩子，腦的表面積比年收入 15 萬美元（1800 萬日圓）以上家庭的孩子最多小 6%。
> 生於年收入數千美元的最貧困層的孩子，由於貧困因此買不起刺激感性或學習能力的玩
> 具，以及與雙親相處的時間不多造成的惡性影響，其語言、讀書能力、決策判斷、記憶
> 力等都特別低。
> 　　　　　　　　　　　　　　　　　　　　　　　　　（摘錄「AERA」2015.5.25）

理性與感性並不對立

腦的運作對利他、公平性有著極大的影響。讓我們以克里斯多福·博姆的著作《Moral Origins》作為參考，探討感性與理性的運作吧。

報告顯示，當大腦額葉前區受到物理性的衝擊後，會毀損並導致無法明白善惡規則觀念，且漸漸無法適應社會。

其中最有名的案例是費尼斯·蓋吉（Phineas P. Gage）事件。1848 年，金屬棒從他的左下臉頰通過左眼後方，再從額頭上方的頭頂處刺出腦殼，而他的大腦額葉前區因此受損。事故發生後，他原本敦厚的性格不再，常常突然暴怒、不講理，與人的交往也變得不順利，甚至無法擁有一份穩定工作。從這個事件中，學者們開始認為**大腦額葉前區有控制情感、情緒的機能。**

喪失大腦額葉前區機能的人，即使記憶、邏輯推理能力、視力和手部的運作皆正常，但對生活的決策、判斷、計畫、自省等能力會持續衰退，並喪失學習新事物的能力。決定性的證據就是他將無法控制自己的情緒，甚至無法正常生活，與感情相關的活動會衰退。

一般情況下，我們常認為「為了作出理性的判斷，排除情感比較好」。然而，正確的決定若是沒有情感使其刻骨銘心，也是會被遺忘的，之後就沒有辦法在過去的經驗和學習到的知識基礎上，作出正確的判斷決定。正確的判斷只依靠冷靜的知識是不夠的，必須還要有情感作為維繫的黏著劑。**並非「情感 VS. 理性」，而是「情感是支撐理性的好夥伴」。**

不論何時都可以作出理性、自利的判斷，並以此為基準採取行動的只有自閉症的患者、腦受損者或是電腦而已。這表示有界限的不是人的判斷，而是經濟學的理論。

大腦額葉前區的角色

大腦額葉前區
大腦新皮質的一部分。主司理性的
思考，同時也是負責控制情感的角
色。

貫穿費尼斯・蓋吉頭顱的鐵棒

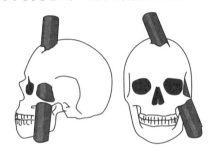

1848 年，當時 25 歲的費尼斯・蓋吉在鐵路
建設的爆炸事故中，頭顱遭到鐵棒貫穿（如
左圖）。
蓋吉在當下仍然保有意識，且活到 36 歲，
但他的人格卻在事故前後有著極大的差異，
之後他無法控制情緒，個性變得暴躁。
這就是因為大腦額葉前區受到破壞，而性格
劇變的著名案例。

支撐理性的夥伴

理性並非與情感對立，可以說是互相配合的。
理性的人並非沒有情感，而是控制情緒的方式很高明。
（摘錄　墨特里尼《Trappole Mentalini》）

墨特里尼（Matteo Motterlini）
（義大利，1967 ～）

由情感支撐市場交易的公平

經濟一開始的基礎就是交換的理論。交易若是不公平，吃虧的
那一方會生氣，為了避免這個怒氣，交易就不得不公平。
（摘錄　喬治・阿克洛夫／羅伯・席勒
《動物本能：重振全球榮景的經濟新思維》）

羅伯・席勒
（Robert Shiller）
（美國，1946 ～）

理性與感性 2

大腦的運作與
道德上的左右為難

在我們理性判斷的背後，大腦是如何運作的？這個問題的答案漸漸明朗。接著我們要介紹的是有關感性與理性的兩難。

由理性與感性引起道德上的兩難問題，不只是哲學家的研究對象，同時也是神經科學家的研究對象。

在邁可・桑德爾（Michael J. Sandel）教授的授課案例中（參考右頁上圖），在 Q1 時大多數人都會選擇「轉向支線」，選擇直線前進的人極少；而在 Q2 時選擇「不推落」的人卻比較多。接著讓學生思考如何取捨「犧牲一個人，讓五個人存活比較好」這樣的命題，這堂課讓學生意識到截至目前為止感性與理性下的思考模式。

這個例子也曾被應用在心理學的研究上，以下為約書亞・葛林（Joshua Greene）與喬納森・寇恩（Jonathan Cohen）（普林斯頓大學）在道德實驗中，同時以 fMRI（功能性磁振造影）觀察受驗者腦部運作模式的變化。在 Q1 時，**背外側前額葉（主司理性的判斷）**活動較旺盛，而在 Q2 時，**腹內側前額葉（主司心理矛盾的解決）**部分較為活潑。在這個研究中，可以明顯知道感性與理性正在競爭。

感性的反應較為直接且通常時間短，在這個反應時間內作理性的分析（背外側前額葉）時，反應時間必然就會增長。判斷把肥胖的人推下去是「正確」的人，是一開始感性運作判斷「不行」後，轉移到理性的分析（背外側前額葉），進而改變前面的判斷。大腦在作這種兩階段式的判斷時，所需要的時間也是兩倍以上。

根據馬克・豪瑟（Marc Hauser）（哈佛大學）的實驗檢證，與道德有關的**直覺論調**是不合理的，雖然文化（年齡、性別、出生地、教育、職業經驗、宗教……）不同，但基本上是**所有人共通**的。

桑德爾教授提出的終極選擇問題

（摘自 邁可・桑德爾《哈佛白熱教室講義錄＋東大特別特別授業（上）》早川出房）

Q1 假設你是電車司機，電車的煞車系統壞掉了，而電車前方卻恰好有 5 名作業員正在施工。若是這樣繼續前進的話，5 個人都會被撞死。另一邊的支線則有 1 名作業員在施工，若是拉下把手轉向支線，則 1 名作業員會被撞死，但那 5 個人卻會得救。正確的選項是哪一個？你又會怎麼做？

➡ 大部分的人選擇「切換至支線」

Q2 假設你是 1 名站立於鐵路軌道上方天橋的路人，鐵道上有 5 名作業員。當電車的煞車無效，而在你身邊有個探出上半身的胖子。如果把這個胖子推下去的話，胖子會死但是卻能擋住電車，5 名作業員會因此得救。你是否會把胖子推下去？

➡ 大部分的人選擇「什麼都不做」

腦內發生什麼事？

腦的側面圖

背外側前額葉
與理性的、功利的判斷相關

腦的側面剖面圖

腹內側前額葉
與他人共享、調整矛盾，
與伴隨感性的判斷相關

> 特別是 Q2 時，首先與感性相關的腹內側前額葉立即運作，於是會與被外側前額葉判斷「是否要殺 1 個人救 5 人」的選擇開始對立競爭。

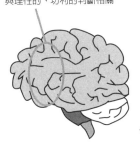

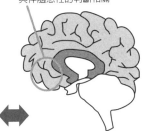

理性上的判斷？　　　情感上的判斷？

理性與感性
3

最後關頭
人還是會選擇自利的

相對於認為利他性、公平性是由於遺傳能力的累積，另一方面也有證明經濟的選擇受環境與文化（後天的）影響的驗證。

藉由最後通牒賽局，我們看到人的公平、公正感。人確實有追求公平的傾向，但是這也可以透過帶入「競爭」原理而消弭。

右圖的實驗 1 在四個國家重複驗證過。結果，最大的分配率急速收縮至「提議者 0：接受者 1」，變成接受者獲得所有的利益。在多個提議者間，**一旦導入誰可以勝出的競爭，就會變成不公平的結果。**

在實驗 2 中，到了第五回合之後，接受者的接受水準甚至出現比 5% 還要低的狀況，其中 71% 的人甚至提出 0%，也就是說為了在競爭中勝出，可以不顧利益。

在標準的最後通牒賽局中，不公平的分配方式會被拒絕，但是**若帶入競爭原理，讓多個接受者或提議者競爭，結果會立即改變。**生存競爭也是相同的，這個理論來自於針對更新世晚期狩獵民族的研究（克里斯多福‧博姆 Christopher Boehm 的《Moral Origins》）。

在冰河期缺乏糧食的飢荒時期，就沒有集團的合作，而是以家族、甚至個人為單位的競爭，有時家族內部也會產生競爭。加拿大的某個族群甚至陷入了是否要同類相食的困境。這時對生存有利的不是「利他的互相分享」，而是「自利的」狀況。

1820 年美國捕鯨船埃塞克斯號，因船難事件而發生同類相食悲劇的八名倖存者，並沒有受到來自人類社會的制裁。長期的分配系統在面臨生死存亡之際就會瓦解，維持系統的社會體制將會消失殆盡。

另外，言語、宗教或習慣等文化，是出生後隨著成長後天學習的；經濟行動也依據各種文化不同而有很大的差異。

數個提議者的競爭　實驗1

Alvin Eliot Roth 的實驗（大垣昌夫、田中沙織《行動經濟學》有斐閣）

在最後通牒賽局中，如果設定「提議者」為複數，而只有 1 名「接受者」的話。「接受者」在數個「提議者」中決定是否接受最多比率的分配方式，而其他「提議者」的分配方式將自動遭拒絕。

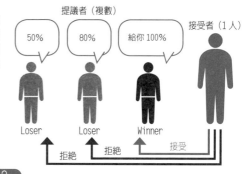

數個接受者的競爭　實驗2

Goose 等人的實驗（同書）

與實驗 1 相反的情況，「提議者」1 人、「接受者」數人。「提議者」提出的分配率比「接受者」設定的還低的話，「接受者」可以拒絕。若數個「接受者」的拒絕基準（能夠接受的分配率）比「提案者」的分配率低時，則從「接受者」中隨機選取。

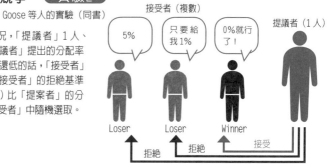

經濟現象與文化

（1）日本的瀆職比例與外交官的交通違規之相關性

　1997 ～ 2002 年間，長期居留紐約市的各國外交官員被開罰單的件數高達了 1 萬 5000 件。由於外交官有外交豁免權，因此紐約市每年損失將近 1800 萬美元的歲入年收。以國別來統整外交官違規停車的次數，科威特 246 次、埃及 139 次、查德共和國 124 次。另一方面，與之比較在日本瀆職較少的歐洲已開發國家之外交官，德國 1 次，而瑞士、荷蘭、北歐諸國都是 0 次。

（2）在美國出生的移民第二代女性的勞動供給

　移民美國第一代祖國的女性勞動率，與在美國出生的第二代女性的求職率是有相關關係的。同樣的相關關係也存在於女性的生育率。

（3）不同宗教對「市場經濟」的不同看法

　伊斯蘭教徒比其他宗教信徒更懷疑經濟的制度和架構，其對於私有財產或競爭皆抱持否定態度。

（摘錄 N．哈林和 O．施托貝克
《人不會只因為金錢而行動》NTT 出版）

理性與判斷 1

判斷的極限——「有限理性」

我們在前幾個章節探討過感性與理性，接著要討論合理性、理性本身的運作極限。

人類並不能一直保持理性的，而且也並不完美，這即稱為**有限理性**。有限理性與「被情感支配，無法選擇理性行動」的不合理性並不相同，假如某個擁有完美理性能力的人如「Homo Economicus（理性經濟人）」，那麼**大部分的一般人就是只擁有有限的認知能力（計算能力或理論力）的人。**

諾貝爾獎得主或者是經濟學的教授，也並非擁有完美的理性，幾乎也都無法做到「面對重大事情的決策，能將所有選項放在天平上——分析開銷與獲利，並且能夠注意效用以及精準地深度分析，再以堅定的意志決定並執行」。

大部分的情況是，當我們想要理性判斷時，首先大腦會整理來自視覺聽覺等五感器官的情報。然而，這一個步驟所得到的情報是完全不可信的。請看右頁的錯覺案例。

（1）不論我們再如何努力，右頁上方左圖看起來就是凹槽，而右圖看起來就是凸的（將書本上下顛倒時，則相反）。無法跳出「光是從上而下照射」的這個常識判斷。

（2）請看桌子的桌面，長寬明明相同，但是右邊的桌子看起來就是比較長且細。

（3）這是聽覺的錯覺，L 與 R 的發音明明不同，但是日本人一般是完全分不出來的。比如 She 與 Sea 的差別，日本人就聽不出來。

（4）溫度感覺不同，觸覺也有錯覺。

錯覺是無法避免的。說起來**「理性的判斷」，其作為前提的分辨能力就是有限度的。**

各種錯覺

（1）凹凸反轉錯覺

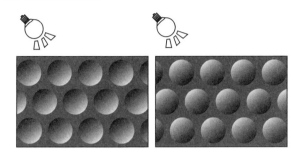

由於光是從上而下照射的既定觀念，讓左圖看起來像凹槽，右圖則凸起。

（2）長度的錯覺（謝帕德之桌）

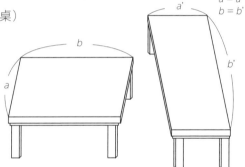

圖中左右 2 張桌面，其實是相同長寬、相同面積（全等）。

（3）聽覺的錯覺

對日本人來說，無法分辨其中差異。

（4）觸覺的錯覺

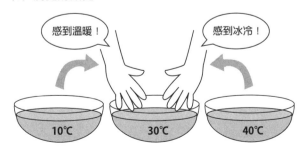

將雙手分別放到 40 度以及 10 度的水中，之後再同時放到 30 度的水裡，雙手分別會感覺冰冷與溫暖，感覺會因溫差而產生變化。

二個系統
扮演分擔大腦的角色

認知心理學者對行動經濟學有貢獻。丹尼爾‧康納曼(Daniel Kahneman)提出了自己的看法，他認為：「人，沒有習慣好好思考」。

當我們在作判斷時，會依賴兩個系統。

「系統Ⅰ」：是指直覺、情感、反射性的系統；**會快速運作，不需使用勞力，擁有無意識行動的性質。**

「系統Ⅱ」：則是指理性思考的系統；**較花時間，且需要努力與消耗能源，若沒有意識是做不到的。**

人在作判斷或決策時，是由「系統Ⅰ」與「系統Ⅱ」共同作業。

系統Ⅱ使用的是人本身的意識，例如學習第二外語、工作、學習開車等，我們有正在行動這層認知的行為，就是使用系統Ⅱ的行動。

棒球選手、足球選手、柔道選手等，「用身體牢記」行動的方式，則是藉由反覆做這些動作，將動作編入系統Ⅰ，使選手可以在無意識反射性的狀況下施展出來。

邊彈琴邊唱歌、電腦輸入鍵盤的「盲打」，不需要特別運用意識，手腳就會自然行動駕駛汽車等等，藉由習慣使我們在執行特定動作時，**系統Ⅰ就能夠處理，不需要使用到系統Ⅱ的行為，就是學習成果。**

日本人說日文是系統Ⅰ，使用英文與人對話時則是系統Ⅱ在運作。日本人對攝氏 20 度的反應是系統Ⅰ，在美國旅遊看到的華氏 68 度則必須由系統Ⅱ反應。

經過系統Ⅱ的行為比較花時間，而且一次只能處理一件事，更重要的是，思考會讓大腦疲勞，而大腦並不喜歡疲勞。因此不合理的行為，常常被認為「沒有三思而後行」。但是，就算「打算三思而後行」，大腦由於不喜歡疲勞也會自動啟動系統Ⅰ。

判斷時運作的兩個系統

（心理學者史坦諾維奇 Stanovich、魏斯特 West 的研究）

系統 I	系統 II
反射性行動	理性的行動
腦幹、小腦	大腦額葉前區
無意識	有意識
速度快	速度慢
輕鬆 不會疲勞	辛苦 會疲勞
只可以採取相同的對應模式	可以因應變化

系統 I 比較輕鬆，因此我們依賴系統 I 比較多。

大腦中的兩個判斷系統

系統 I 主要是由腦幹、小腦所主管，而系統 II 則是由大腦額葉前區主管。

大腦額葉前區
系統 II

系統 I

腦幹　　小腦

藉由學習自系統 II 轉移到系統 I

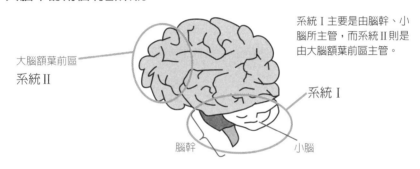

系統 II
有意識的
判斷、理解、推理

系統 I
無意識的
日常的運動

初學者
剛開始學

學習、經驗

網球的動向　　職業網球選手

電腦的鍵盤　　盲打

開車　　開車老手

學習英語　　流利說英語的夢

以直覺判斷就容易犯錯

系統 I 運作迅速，而系統 II 總是避免思考，人的大腦其實是很懶惰的。

不論系統 I 還是系統 II 的運作都是有極限的。理性的系統 II 能夠慢慢思考，並執行高難度的決定，還可以針對環境靈活變化，但一次卻只能做一件事。比如說，同時準備明天國文、英文、數學等三個科目的期末考是不可能的。對系統 II 來說，不擅長同時思考兩件以上的事。

在工作時，我們常常被迫追求「短時間內處理多件工作」，但是由於系統 II 是無法同時處理兩件事的，只能集中在一件特定工作上，這時可以依賴的只剩系統 I。

系統 I 擅長「同時處理」。只不過，系統 I 的行動是經過長時間的習慣及練習，以使身體本身牢記並掌握（不論在人的進化，或是學習上皆是）。因此，只能夠用學習掌握到的方式處理，而不會變通，如同棒球選手在投變化球時不小心犯下的「習慣」，一旦養成就必須花更多時間矯正。系統 I 雖然可以同時處理幾件事，但是卻有可能會養成無意識的「習慣」。同時兼具**明知不合理，卻仍舊繼續的缺點**。

讓我們來體驗看看從系統 I 與系統 II 的缺點所導出的一些不合理行動吧。請各位試著解開右頁的問題(1)、(2)。現在我們常見的意外，大多數都是因為將系統 II 學到的東西轉移到系統 I，成為無意識的習慣而引起的。例如，駕駛汽車時分心看路旁或使用智慧型手機，這是初學者無法做到的，相對也容易引發事故。

在工廠的「指差確認（在一道程序完成後，雙眼看著物件，伸出手指指著，並同時誦讀確認）」，目的就是不讓例行公事陷入系統 I（無意識）的狀態，而刻意使系統 II 運作的方法。但是，若是太過習慣動作也是有可能變成由系統 I 執行。

系統 I 的直覺判斷容易出錯的問題

（1）球棒與棒球的問題

這邊有棒球球棒與棒球兩樣商品，其價錢相加等於 1100 日圓。球棒比棒球貴 1000 日圓。那麼，棒球多少錢？

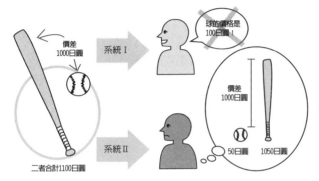

乍看之下，大部分的人都會回答 100 日圓。但是在系統 II 認真思考之後，就能知道正確答案是 50 日圓。

（2）蒙提霍爾問題

將 2 張黑桃的撲克牌與 1 張紅心的撲克牌反蓋，讓回答問題的人抽牌。抽到愛心就算贏。

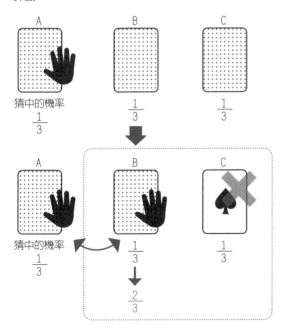

當回答者確定選擇 1 張（如左圖 A）時，知道中獎那張卡在哪裡的出題者，可以將剩下 2 張（B、C）中，翻出黑桃的牌（C）。

當出題者翻開黑桃的 C 牌時，回答者可以換牌（A 換成 B）。一開始 3 張牌翻中的機率是 1/3，但當剩下 B 與 C 再一次挑選時，B 的命中率就提升為 2/3。但多數人都還是覺得 A 與 B 的命中率一樣，而選擇不換牌。若是將牌換成 B，那麼命中率至少增加 1 倍。請各位試著挑戰這個遊戲 10 次吧！

<table>
<tr><td>展望理論 1</td><td>

在不確定的狀況下，人會如何選擇？

行為經濟學中最有名的模型「展望理論」，是由康納曼(Daniel Kahneman)與特沃斯基(Amos Tversky)所提倡。

</td></tr>
</table>

展望理論，指的是當人們在面對「**不確定的狀況，人會如何選擇**」的理論。

不確定性＝過去沒有經歷過，或是不得不將對未來的預測納入考量的情況時，我們的大腦會經過以下的判斷過程。

---

(1) **編輯階段　問題疏通整理**
　　　　↓
(2) **評價階段**
　　價值函數　　　以「價值函數」結果的好壞評斷
　　決策權數函數　以「決策權數函數」評價發生的容易度（機率）
　　　　↓
(3) **選擇決定（決策）**

展望理論中，人在決定時會經過兩個階段。

首先，在 (1) 編輯階段，彙整所蒐集到的訊息。目的是為了簡化比較選項，自眾多的訊息中挑選最為重要的部分，並排除不重要的，先進行資訊的總整理。請注意在這個整理過程中，主要是由直覺性的方式(Heuristic) 統整簡化資料，或是以個人偏誤判斷，總之並非以理性的方式判斷。

接著是 (2) 評價階段，這是以主觀的「**價值函數**」(Value Function)為指標用以評判結果的好壞。同時，也會以主觀的「**決策權數函數**」(Decision Weighting Function) 評價發生的可能性（發生機率）。

在經過這些作業後，最後會進行 (3) 選擇決定。**選擇，也並非基於客觀的基準，而是由主觀的評價進行。**

以下，讓我們逐一看看各個過程吧！

展望理論

（1）編輯過程

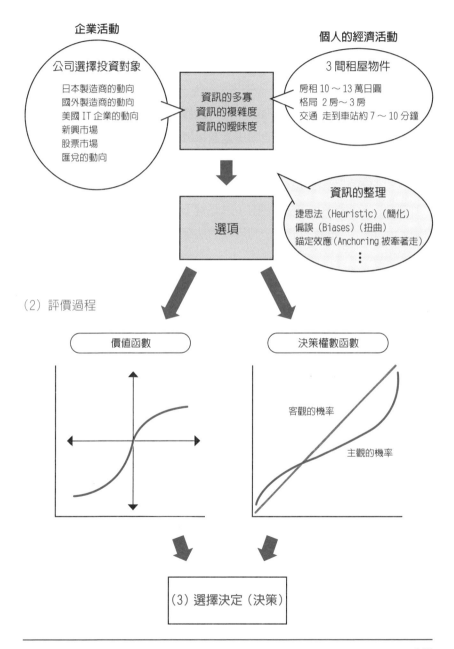

企業活動

公司選擇投資對象

日本製造商的動向
國外製造商的動向
美國 IT 企業的動向
新興市場
股票市場
匯兌的動向

個人的經濟活動

3 間租屋物件

房租 10 ～ 13 萬日圓
格局 2 房～ 3 房
交通 走到車站約 7 ～ 10 分鐘

資訊的多寡
資訊的複雜度
資訊的曖昧度

選項

資訊的整理

捷思法（Heuristic）（簡化）
偏誤（Biases）（扭曲）
錨定效應（Anchoring 被牽著走）
⋮

（2）評價過程

價值函數

決策權數函數

客觀的機率

主觀的機率

（3）選擇決定（決策）

思考捷徑與編輯階段

2

人在作選擇時，會盡可能地蒐集、整理、簡化所得到的資訊。另外，這時的心理狀態、氣質、外在狀況也容易被左右。

人並不是從完全的白紙狀態中，就可以作出完美判斷。

當我們必須在非常多個選項中決定選擇哪一個時，其過程往往並不是對每個選項作詳細的檢討、分析，而是套用依據過去經驗所產生的幾個模型，並依據結果來判斷。

比如說，在極為有限的時間內，以直覺下決策時的基準，稱為捷思法（Heuristic）=**思考的捷徑**。利用捷思法來判斷的好處是速度極快，因此很方便。

另外，人同時也會依據單純的數字或周遭的狀況來判斷，或是參考過去的經驗。這也就是偏誤（Biases）與錨定效應（Anchoring）。

在「編輯」的階段，會發生各式各樣的矛盾；也意味著在這個階段中系統I執行的簡化，**並非完全合理**。

編輯階段的代表事例

（1）捷思法（Heuristic）	
①可能性	以最容易想到的例子作判斷，會高估事情的發生機率。
②代表性（直覺判斷）	以一部分的事例代表全體事例。
③確證	找到看似正確的答案時，就一味認為沒有錯。
（2）錨定效應	以最初得到的情報為基準，比較並判斷其他情報
（3）框架	在框架內的判斷會被影響。90%就業⇔10%失業
（4）從眾效應	店家前面大排長龍，判定肯定很好吃。
（5）標示錯覺	標示A：油分減少70%⇔B：含有30%油
（6）投射偏見（Projection Bias）	空腹時逛超市，通常會購買超出所需的食材
（7）光環效應（Halo Effect）	以極少且限定的情報（學歷或公司名）來判斷
（8）賭資效應（House Money Effect）	花光從賭博或彩券贏得的錢
（9）定點效應（Climax Effect）	依據很多情報作決定，最後被朋友一句話影響
（10）動態不一致性	比起未來的目標（減肥、儲蓄）更重視眼前的利益
（11）迴避極端	選擇中間。松竹梅法則（極端性迴避），誘餌商品
（12）確認偏差	只蒐集能夠證實確認自己判斷的選項
（13）沈沒成本謬誤（Sunk Cost）	花了這麼多錢，想退也無法退出

例 1 代表性捷思

由過去發生過的事例或案件為基準來判斷整體,以偏概全。

請受試者自號碼「222222」和「732841」2 張彩券中選擇 1 張。其命中率明明同樣為 50%,實驗結果卻發現多數人會選擇「732841」。因為過去彩券的中獎案例中,並沒有出現「222222」這種有規則性的號碼,代表彩券的數字是類似於「732841」這種隨機的數字。

例 2 可能性捷思

以容易想到的情報為基準的判斷傾向。

交通事故的死亡,比起自殺更容易浮上念頭,因此認為交通事故造成的死亡數量比自殺的人多。每當在電視新聞報導上看到時,就會特別有印象。

死亡人數比較(依死因)(日本,2013 年)

交通事故死亡人數	自殺死亡人數	他殺死亡人數
4,373 人	27,283 人	341 人

(警政廳、內閣府、厚生勞動省發表)

例 3 錨定效應

錨定,指的是船的錨,引申為固有印象。

常見在電視購物中,主持人介紹商品時會先說:「這個吸塵器,市價 5 萬日圓」,先在觀眾的心中投下 5 萬日圓的印象(錨定),然後只要再說「今天只要 4 萬 8800 日圓!」,觀眾就會覺得「便宜」!

錨定效應,就算是無關的數字也有可能被影響。行為經濟學的丹尼爾‧康納曼做過讓實驗者旋轉輪盤,並在那之後請他們回答非洲國家占聯合國內的比例。在轉盤出現「10」的團體,回答的值平均為 25%,而轉盤出現「65」的團體,回答的值平均為 45%。這個問題的正確答案是 193 國中占 54 個國家,28%(2015 年 5 月)。

同樣減價8美元，顧客的滿足感卻不同

康納曼等人提出的「價值函數」的圖表呈S型。這個章節讓我們來看看它與邊際效用的函數（第81頁）有什麼不同吧！

我們「會在無意識中，將事情作比較」。

不論面對什麼事，我們都會自己標上「基準點、對照點」，並以此標準來評價。康納曼與特沃斯基將這樣的主觀評價稱為價值，以價值函數圖表表示。

價值並非絕對值，而是相對值。比如說 18 度這個絕對值的溫度，在早春時的 18 度感覺「溫暖」，但在入秋時的 18 度卻是「寒冷」的。溫度的基準，會因為一個人主觀的感覺而改變。

消費者的心理也是一樣。

當我們看到定價 15 美元的 T 恤現折 8 美元的宣傳單時，會覺得「好便宜！划算！」，然後特地走路或坐車去買。然而若是「售價 500 美元的高級西裝套裝，特別減價 8 美元！」同樣是減價 8 美元的狀況，卻一下子變得沒有魅力了。多數人不會為了這 8 美元的折扣，大老遠跑去買高級西裝。

因為「原本 120 日圓的雞蛋，今天只要 15 日圓」而特地去超市選購，或是「今天很累，所以獎勵自己一下」的買冰淇淋行動，每天都真實在發生。每個人皮夾裡面的 8 美元是相同的＝絕對值，但心裡 8 美元的價值卻是不同＝相對值。

效用、滿足度並非以絕對值為準，而是依照心裡的基準點作用。這個心裡的基準點就是參考點。而且因為是心裡的價值函數，因此也有可能負數相加，也就是「失望度」。

根據上述所畫出來的「價值函數」圖表（如右圖），以參考點為中心呈 S 型。

至今的效用函數與心中的價值函數

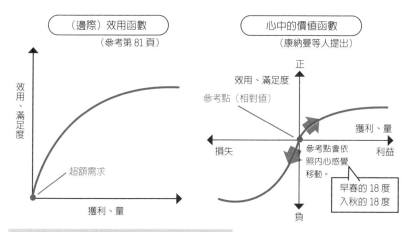

（邊際）效用函數
（參考第 81 頁）

心中的價值函數
（康納曼等人提出）

效用、滿足度

參考點（相對值）

正

損失　　獲利、量

利益

效用、滿足度

參考點會依照內心感覺移動。

早春的 18 度
入秋的 18 度

超額需求

獲利、量

負

效用函數中基準點不會動，而心中價值函數的基準點（參考點）會因為主觀而移動。另外「損失」評價為否定的，函數的圖表如右圖般呈 S 型。

心中的價值函數之具體案例

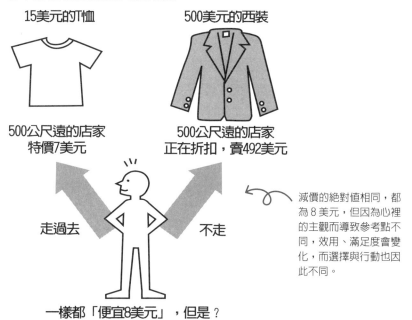

15美元的T恤

500美元的西裝

500公尺遠的店家
特價7美元

500公尺遠的店家
正在折扣，賣492美元

走過去　　　不走

減價的絕對值相同，都為 8 美元，但因為心裡的主觀而導致參考點不同，效用、滿足度會變化，而選擇與行動也因此不同。

一樣都「便宜8美元」，但是？

比起年薪600萬，反而選擇500萬的公司!?

價值函數的原點＝參考點，並非絕對的點，而是自由變化的點。依據設定不同的參考點，對於盈虧的看法也會跟著改變。

　　價值函數的參考點就是人內心的參考點，因此會依據一開始設定的方式改變。舉例來說：年終獎金。

　　當景氣好的時候，公司的業績也會好，去年的年終獎金如果有 30 萬日圓，於是就會抱持「今年營業額成長了 10%，應該可以分到 33 萬吧」的想法，參考點因此就被設定在 33 萬日圓。另一方面，也可能有人會有「今年的獎金若是和去年一樣的話，我就滿足了」這樣的想法，就會將參考點設定在 30 萬日圓。

　　於是，假設公司今年發放 32 萬日圓的獎金，以絕對金額來說是比去年多了 2 萬日圓。但是參考點設定在 33 萬日圓的人，會因為實際拿到的獎金比預期少（也就是比參考點低）而感到「失望」，因為從參考點來看，損失了 1 萬日圓。另一方面，參考點為 30 萬日圓的人，則是「什麼？完全沒有預期會增加，還多了 2 萬」，而感到非常高興。

　　參考點會因為「框架效應」而改變。

　　將焦點放在獲利還是損失上，即使不論選擇哪個的效果都相同，作出的判斷還是會不同。在右頁 Q1 是強調獲利面的狀況下，就會選擇 A 方案。比如「有救」這句話，相對也是以「誰都沒有得救」作為參考點，將「有救了」這個行為作為「獲利」，以這個例子畫成價值函數的圖表，會變成 y 軸的右側。

　　Q2 的狀況則是強調損失面，因此選擇方案 B。「成為犧牲」則是以「不會有人犧牲」為參考點，將「犧牲了」這個行為作為「損失」。在價值函數上，位於 y 軸左側。

相同金額因為參考點不同，效用也會變化

去年年終獎金 30 萬日圓，而今年是 32 萬日圓

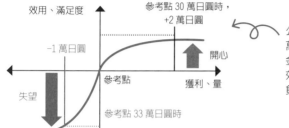

效用、滿足度

參考點 30 萬日圓時，
+2 萬日圓

-1 萬日圓

開心

參考點

獲利、量

失望

參考點 33 萬日圓時

公司發放相同的獎金 32 萬日圓，依照原本期待的金額（參考點）不同，其效用、滿足度也會呈正或負。

比起年薪600萬，反而選擇年薪500萬的公司!?

全體應屆畢業生
500萬日圓

A 公司

對你提出年薪 500 萬日圓，而且也對其他應屆畢業生提出 500 萬年薪。

只有你
600萬日圓

其他應屆畢業生
650萬日圓

B 公司

對你提出 600 萬日圓的年薪，但對其他應屆畢業生提出年薪 650 萬日圓。

32 位的學生中，
22 位選 A 公司，
10 位選擇 B 公司

墨特里尼（Matteo Motterlini）
《情感經濟學（Economia Emotiva)》

框架效應

墨特里尼（Matteo Motterlini）《情感經濟學（Economia Emotiva)》

Q1

原因不明傳染病的因應對策，要選擇哪一個？

A 方案：一半的居民絕對會得救
B 方案：50% 的機率全村都會得救，但全村覆沒的機率也是 50%

強調獲利面，選擇方案 A

Q2

原因不明傳染病的因應對策，要選擇哪一個？

A 方案：一半的居民絕對會犧牲
B 方案：50% 的機率全村都會犧牲，但零死亡的機率也是 50%

強調損失面，選擇方案 B

想要維持現狀 迴避損失的心理

價值函數圖的特徵是呈現負值時，曲線的傾斜度會變大，這表示與獲利相比，對損失的衝擊較大（損失比獲利大）。

根據康納曼的研究，人們對於損失的衝擊感約為獲利時的 2.25 ～ 2.5 倍；也就是損失時的感覺比起獲利時大 2 倍（在各種研究中的平均值約為 1.5 ～ 2.5 倍）。比起獲得，人其實更重視避免產生損失，這稱為「**損失迴避**」。

「這裡有命中率 50% 的籤，當你輸掉時損失 1000 日圓。若是抽中了你認為至少要獲得多少，才會買這支籤呢？」回答的平均值約落在 2000 ～ 2500 日圓之間，代表對於負 1000 日圓的效果，可以藉由 2000 至 2500 日圓的獲利抵銷。

相反地，**與「為了獲得 2000 ～ 2500 日圓價值，可以損失 1000 日圓的價值」相同，人比起獲得利益更極端地討厭損失**。於是可以利用以下兩種狀況：(1) **安於現狀偏誤**不想失去已經擁有的東西，與 (2) **稟賦效應**（Endowment Effect）來作說明。

讓我們以轉職或職場導入新方法為例，假設包括到目前為止已擁有的職務，或是必須要放棄到目前為止的所有方法，也就是要對已經擁有的事物完全放手，若損失的數值為 100，那麼 100 的損失等於需要 200 ～ 250 的獲利來補償。

放棄舊事業並挑戰新的事物，必須獲得 200 ～ 250 的利益才划算，而且將來具有不確定性，並不保證必定就能獲得 200 ～ 250 的利益。放棄過去有著極大的風險，是心理上的負擔。

結果，**比起挑戰新事物，人們更傾向於維持現狀，這就是「安於現狀偏誤」**。不論是個人的工作轉職或是公司內部制度的改革，都有極大的心理困難必須克服。

價值函數的損失回避傾向

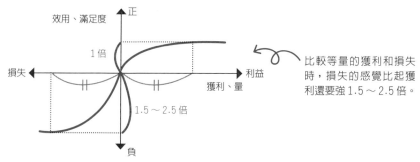

比較等量的獲利和損失時，損失的感覺比起獲利還要強1.5～2.5倍。

稟賦效應

人對於自己已經擁有的東西有執念，即使是在實驗時做的摺紙，或是曾經擁有的馬克杯也是一樣。而將愛車脫手的原持有人與買車的業者間，心中的參考點不同。明明沒有使用卻無法丟掉，是想要迴避損失的心理在作用。

①使用馬克杯的實驗

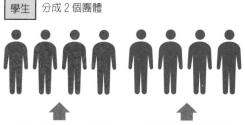

不送馬克杯，只請學生們拿在手上，確定無瑕疵。

送給他們從店裡買回來的馬克杯。

之後

讓學生們寫下可以買的價格，投標

讓學生們寫下可以賣的價格，投標

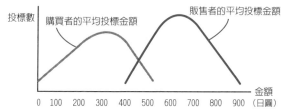

②愛車的賣價？

汽車所有人　依依不捨

二手車業者　只是一個交易對象

在馬克杯的實驗中，實際收到馬克杯作為禮物的學生由於稟賦效應作用，因此對買家提出較高的金額。將愛車賣出時也是因為主觀的感覺差異，購買者與販賣者間的價格評價會有差異。

（理查‧塞勒與凱斯‧桑斯坦《推出你的影響力》）

展望理論
6

為何購買
不會中獎的彩券？

相對於客觀的機率，人有主觀的機率。顯示主觀與客觀的機率之間的
扭曲、偏離的圖表，稱為決策權數函數。

原本，客觀的機率與主觀的機率應該是相同的。例如：丟硬幣時，正
反面的機率各是 1/2，那麼客觀的機率線會成為 45 度的斜線。但是當
連續丟出反面，並詢問接下來是正面或反面呢？這時候，人會回答「下
一個可能是正面」，預測大於 1/2 的機率會出現正面，這就是主觀上機
率線的扭曲、偏離幅度。

如同右頁上圖的**決策權數函數**圖表中 A 的部分，由於機率變小，因此
人會搞不清楚。比如說：飛機失事事故約為 1 次／ 200 萬趟＝客觀的機
率 0.00005%。但是，因為飛機事故報導的強烈印象，實際上人們會高
估機率。

在日本，汽車事故死亡的機率約為 1 人／ 1.4 萬人＝客觀的機率約
0.007%。汽車事故死亡率比飛機事故發生率還要高（多了 140 倍的危
險度），但是人的主觀判斷卻認為「飛機比較危險」。

相反地，圖表中 B 的部分，客觀機率較高的狀況下，主觀的估算則只
有些微的差距。「莫里斯・阿萊的阿萊悖論」中，若是在 Q1 中選擇⑴，
而在 Q2 中也選擇⑴，或是 Q1 中選擇⑵，而 Q2 中也選擇⑵較為合理，
但事實上多數人在 Q1 中選擇⑴，Q2 中則選擇⑵。

**客觀機率大的 B 部分領域中，人傾向於風險規避；客觀機率較小的 A
部分領域中，則趨於風險追求。**Q1 的狀況下，人不喜歡有 1% 的可能什
麼都得不到（**風險規避**），因此選擇⑴。Q2 則是因為客觀機率低，因此
選擇風險追求的⑵。

展望理論下的決定，是由主觀的機率所左右的。

由決策權數函數瞭解主觀機率的偏移傾向

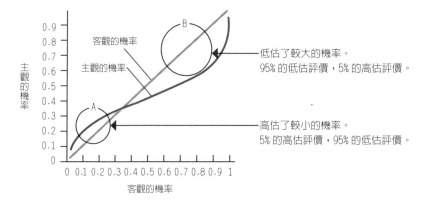

彩券的中獎機率約為 1/1000 萬＝ 0.00001%。
1000 萬次 ÷ 人生 80 年（29220 日）＝約 342
每天購買 1 張彩券，重複 342 次，才終於中獎 1 次的

莫里斯・阿萊的阿萊悖論

Q1　選擇哪一個？　〉　（1）　確實可以拿到 100 萬元。
　　　　　　　　　　（2）　賭→ 89% 機率可獲得 100 萬元，10% 機率得到 250
　　　　　　　　　　　　　　萬元，但是 1% 的機率什麼都沒有。

Q2　選擇哪一個？　〉　（1）　11% 的機率得到 100 萬元。
　　　　　　　　　　（2）　10% 機率得到 250 萬元。

	圖表中部分 A 客觀機率＝低	圖表中部分 B 客觀機率＝高
獲利	5% 的機率會成功 高估機率 →風險追求（例：彩券）	95% 的機率會成功 害怕萬一（5%） →風險規避
損失	5% 的機率會失敗 害怕萬一（5%） →風險規避（例：保險）	95% 的機率會失敗 為了預防損失，因此賭在 5% 上 （5% 高估） →風險追求

（康納曼的展望理論，上述例子為作者自創的說明）

所得與幸福度
不成比例？

經濟學不處理主觀的幸福度，因為幸福度很難定義和數值化，而且無法客觀地比較。

幸福感，是主觀的。

A 獲得蘋果的幸福度，與 B 獲得蘋果時的幸福度無法利用數值化來比較。此外，在回答幸不幸福這問題的當下，一個人的心理狀況也會大大影響回答的結果。

而且關於幸福度的主觀回答，並無法排除回答者的偏見。以這個原則為前提，讓我們驗證看看吧。

右頁上圖為幸福感的國際比較圖。在所得低的國家，其幸福感會依據所得提升⇔幸福度上升，有這樣的相關關係。但是，當所得到達某個特定程度後，兩者就不相關了。

日本 1980 年與 2008 年的幸福度比較，平均每人 GDP 成長了兩倍，但是幸福度卻幾乎沒有改變。生活水準提升，照說連帶著幸福感應該也會增加……但事實上卻不是這麼一回事，這個現象稱為幸福悖論（伊斯特林悖論）。在這個悖論的背後，可能有以下背景：

(1) 人看到的是「相對所得」

以相對所得為參考點，而不是絕對所得。根據大阪大學的調查，日本沒有人將自己所得與北歐、北非，或其他世界最貧窮國家等「世界上的人」來比較。實際上，多半是與「鄰近」比較，一成是與「日本的平均所得」比較。

(2) 習慣

人是會適應並習慣環境的。即使生活水準提升了，再過一陣子後也就習慣了，於是參考點就移動到水準提升後的生活。由於參考點移動，即使遭遇事故或中獎，過一陣子幸福度也會回到原狀。

各國所得與幸福度相關圖

（各國平均每人名目GDP，2014年，IMF，
一國的幸福度：10階段平均值「World Database of Happiness」）
※187個國家中，在平均每人名目GDP的上、中、下層各抽出10國

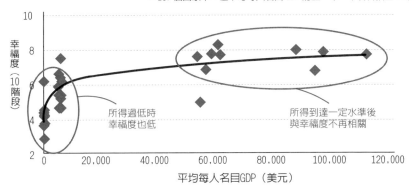

所得過低時
幸福度也低

所得到達一定水準後
與幸福度不再相關

日本的所得與幸福度的變化

日本平均每人名目GDP，內閣府「國民經濟計算」
日本的幸福度：10階段平均值「World Database of Happiness」

幸福度沒有變化

自1980年開始到2008年，
平均每人名目GDP成長了2倍

問題是，操作易受一時的效果影響

（摘自 伊扎克・吉爾伯阿《理性選擇》）

> （1）你對自己的人生有多滿足？
> （2）你上個月約會幾次？

以學生為對象的實驗，以（1）→（2）的順序提問，則沒有相關性。

但以（2）→（1）的順序提問時，相關性戲劇地提高。

另外，在晴朗的早上提問問題（1），與陰天提問時的結果有顯著的偏差，可能是天氣的陰晴相對影響到人的內心感受。

國民主觀的幸福感
是否成為政策目標？

人的參考基準有(1)相對的與(2)習慣這兩個方面。那麼，主觀的幸福感是否可以成為政策目標呢？

事實上，高所得國家的人比貧困國家的人還要來得幸福，這是無庸置疑的。按照時間順序調查各國間的數據，顯示出影響幸福的某種因素其實是有一定模式的，這些因素如：有無配偶、有無工作、家庭的財政狀況、社區環境、健康、政治的自由，以及個人的宗教價值觀等等。

同樣地，日本國內也有所得越高，感覺越幸福的相關關係存在。

所得或生活環境水準較低時，主觀的幸福度也就較低。這樣的狀況特別在社會底層較為顯著，孩童時期貧困的人，長大成人後也「感覺不到幸福」的機率高出其他人 4.2%。感到不幸的人占 10 ～ 11%，因此在統計上來說這是有意義的差距。

其中也有孩童時期的貧困直接影響到此人的幸福感，而且影響程度高達 61.6%（小塩隆士《決定「幸福」的方法》日本經濟新聞出版社）。雖然所得與幸福的關係並非完全是「有錢＝幸福」的關係，但是可以肯定「沒有錢＝與幸福度連動」。

把焦點放在「不幸的最小化」而非「幸福的最大化」的政策，可以達到目標具體化。**經濟成長，並非將富裕層的幸福擴大，而是可以將貧困層的不幸感變小。**

近年來「貧富差距擴大」受到世界各國的矚目。經濟成長，確實能夠提高最貧困國家的福祉。

「聯合國千禧年目標」在 2015 年以前，就達成了減少 1 天以不到 1.25 美元所得過生活的最貧困層的數量，比 1990 年當時的數量減少將近一半。最貧困層，確實正在減少中。

習慣生活環境，參考點的變化

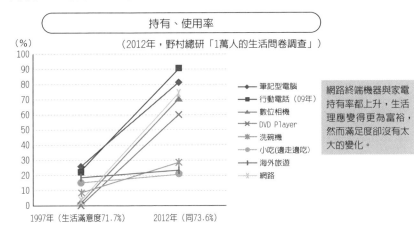

持有、使用率

（2012年，野村總研「1萬人的生活問卷調查」）

（%）

- ◆ 筆記型電腦
- ■ 行動電話（09年）
- ▲ 數位相機
- ✕ DVD Player
- ＊ 洗碗機
- ● 小吃（邊走邊吃）
- ＋ 海外旅遊
- ＊ 網路

1997年（生活滿意度71.7%）　2012年（同73.6%）

網路終端機器與家電持有率都上升，生活理應變得更為富裕，然而滿足度卻沒有太大的變化。

沒有錢＝與幸福度連動

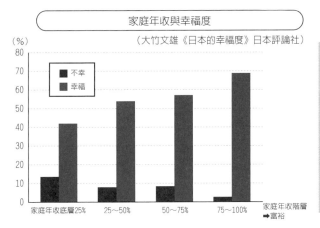

家庭年收與幸福度

（大竹文雄《日本的幸福度》日本評論社）

（%）

- ■ 不幸
- ■ 幸福

家庭年收底層25%　25～50%　50～75%　75～100%　家庭年收階層
➡富裕

所得高低與幸福度並非完全成正比（參考第246頁），但特別在貧困層，由於所得低而大大影響了幸福度。因為參考點產生變化，「幸福的最大化」有實現的困難，但若是以貧困階層為中心的「不幸的最小化」為目標，就比較容易產生效果。

幸福存在於平靜中。對一個健康、沒有負債，並且沒有做過違背良心之事的人來說，財產上增加是多餘的。在這樣的狀況下已經沒有什麼能夠再增加的東西，卻有很多可以被剝奪的東西。這種狀態與悲慘的最底層間的距離是無限大的。
（摘自 亞當・史密斯《道德情操論》岩波書店）

亞當・史密斯
（英國，1723～1790）

經濟學巨擘們的
人類觀察與三種經濟學

針對經濟學中人的理性與情感，馬歇爾以「Cool Head, But Warm Heart（冷靜的頭腦，溫暖的心）」表現。

凱因斯以「動物本能（Animal Spirit）」表現不理性的人類情感。此外，「期待未來（預測）」也是凱因斯理論的核心部分，他認為「將來是『不確定』的，因此人採取現在的行動，這就是不景氣的架構」。

被稱為經濟學之父的亞當‧史密斯，則是提出「看不見的手」，同時被視為「市場原教旨主義」的教宗。交由「自利心」主導，藉由「看不見的手」的運作，以增加社會的利益，他所著的《國富論》至今仍然被廣為引用。

但是，亞當‧史密斯所主張的**「自利心」與「道德心」互相對立**。這是「自由」與「公平」的價值觀，兩者如同車子的兩個輪胎一樣重要，因此並非只有「自利心」，也並非設想人人都是自私鬼。

在他的另一部重要著作《道德情操論》中，以探討「自利心」與「道德心」為主題，以及人本來就不是單純只有自私的存在。

亞當‧史密斯提出關鍵的**看不見的手**，同時在《國富論》與《道德情操論》中都出現過。而且**看不見的手，在《國富論》中有「增進社會的利益」之作用，在《道德情操論》中則有「平均分配」的作用**。

競爭，總是被視為弱肉強食，但根據亞當‧史密斯提出的論點，競爭是能夠抑制自利心的。不論追求多少私利而抬高價錢，只要有競爭就能夠抑制價格。

經濟學的研究對象是「效率與公平」，但是卻不得不針對「效率性＝財政或開銷」這個多數人都想避開的話題作說明。

面對社會的輿論批評，並位於不利的立場上，我想這就是「經濟學」的宿命吧！

凱因斯、亞當・史密斯的人類觀察與三種經濟學

人非理性
人的決定與行為大多數是由被稱為動物本能的本能性之衝動結果，並非來自於數理上的判斷結果。
（凱因斯
《就業、利息與貨幣的一般理論》）

預測他人的行動
投資者必須預測其他參與者的行動，再選擇自己的行動。其他的參與者也相同，不得不預測他人的選擇而行動
（同書）

凱因斯
（英國，1883～1946）

行為經濟學

非理性的世界

心理、情感、價值觀

個體經濟學	賽局理論
匿名社會	有競爭對手的社會
與多數未知的人的關係 自利心，追求最大利益 理性精神 自由	互相看得見彼此的關係 藉由合作追求最大利益 依據道德基礎行動 平等

看不見的手

增加社會利益之手
《國富論》

平等分配之手
《道德情操論》

人是自利的
人只會為了圖謀自己利益而行動，由看不見的手引導，增加社會利益。我們之所以可以有飯吃，是因為賣肉或賣魚、賣麵包的店鋪考量到自身利益而行動。
（亞當・史密斯《國富論》）

人是利他性的
即使人是自利的，卻仍舊會不自主地將他人放在心上，他人的幸福對自己而言也是不可或缺的。富裕層由看不見的手領導（向一般人）分配生活必需品。
（亞當・史密斯《道德情操論》）

亞當・史密斯
（英國，1723～1790）

註解（以下資料參考維基百科、MBA 智庫百科）

1. 年功序列型薪資
年功序列是一種日本的企業文化，員工以年資和職位論資排輩，訂定標準化的薪資。（第 14 頁）

2. 居民稅
日本居民稅是日本地方稅的主要稅種，也是地方政府財政收入的重要來源之一，由地方政府徵收。（第 20 頁）

3. 史密森協定（Smithsonian Agreement）
1971 年 2 月，G-10 等國在布雷頓森林系統瓦解後，所達成的新國際貨幣制度協議。（第 32 頁）

4. 美國聯邦儲備委員會、量化寬鬆
美國聯邦儲備委員會（Federal Reserve Board，簡稱美聯儲），是美國的中央銀行體系，依據美國國會通過的 1913 年《聯邦準備法案》而創設，以避免再度發生類似 1907 年的金融危機。（第 34 頁）
量化寬鬆（Quantitative Easing，簡稱 QE）是一種非常規的貨幣政策，是由一國的貨幣管理機構透過公開的市場操作，來提高實際經濟環境中的貨幣供給量。（第 34 頁）

5. 生產可能性邊界
生產可能性邊界（Production Possibility Frontier，PPF）：亦稱為生產可能性曲線（Production Possibility Curve），表示在既有資源和技術條件下所能生產商品的最大值，展現了經濟學的資源稀少性與選擇性。（第 40 頁）

6. 頁岩氣
頁岩氣：一種在頁岩層中採集的天然氣。（第 75 頁）

7. TPP、RCEP、FTA
TPP：跨太平洋戰略經濟夥伴關係協議 (Trans-Pacific Strategic Economic Partnership Agreement)，由亞太經濟合作會議 (APEC) 成員發起，主要在於促進亞太區的貿易自由化發展。（第 98 頁）
RCEP：區域全面經濟夥伴協定 (Regional Comprehensive Economic Partnership)，主要以東協 10 國為主，再加上日本、中國、韓國、印度、澳洲、紐西蘭等共 16 國所籌劃的高級自由貿易協定。2019 年 11 月談判完成，但印度中途退出。（第 98 頁）
FTA：自由貿易協定 (Free Trade Agreement)，是兩國或多國、以及與區域貿易實體間所簽訂的具有法律約束力的契約，目的在於促進經濟一體化，消除貿易壁壘（例如關稅、貿易配額和優先順序別），允許貨品與服務在國家間自由流動。（第 98 頁）

8. 霞關
霞關（霞ヶ関）為日本東京都千代田區之地名，因多個中央行政機關總部皆位於此區，為日本的行政中樞。（第 99 頁）

9. 幼稚產業
指剛開始發展、基礎和競爭力薄弱，能透過適度保護策略成為具有潛在比較優勢的產業。幼稚產業保護理論由美國經濟學家漢密爾頓（Hlexander Hemilton，1757-1804）所提出，是對某些產業採取適渡性的保護措施的理論，屬於貿易保護主義的基本理論。（第 100 頁）

10. GATT、WTO、EPA
GATT：關稅暨貿易總協定（General Agreement on Tariffs and Trade），簡稱關貿總協定。（第102頁）
WTO：世界貿易組織（World Trade Organization）。（第102頁）
EPA：經濟夥伴協定（Economic Partnership Agreement）。（第102頁）

11. 卡路里自給率、糧食自給率
卡路里（Calorie）自給率：又稱為熱量自給率，是糧食自給率的評估方法之一，適合當作農業生產規劃的指標。參考：http://www.tari.gov.tw/df_ufiles/eng/no183-1.pdf（第105頁）
糧食自給率（Food self-sufficiency ratio）：用以評估國家糧食自給程度的指標，主要以熱量和價格作為評估之方法，前者可作為農業生產規劃的指標，後者則可看出國家國內糧食生產的經濟效益，適用於農業貿易之規劃。（第106頁）

12. 稅務代理人
日原文為稅理士，是日本的特殊職業，是負責幫助民眾、企業處理繳稅事宜。（第132頁）

13. 一期一會
錯過不再，把握當下。（第144頁）

14. 聯合國氣候變化綱要公約
聯合國氣候變化綱要公約（United Nations Framework Convention on Climate Change，UNFCCC）。（第152頁）

15. 碳酸酒、發泡酒

碳酸酒（チューハイ）：是將蒸餾酒加上其他像是碳酸飲料等的調酒。
（第 160 頁）

發泡酒：大麥成分低於 70%，口味與啤酒類似，卻沒有啤酒的醇厚或苦
澀感。由於不符合日本酒稅法上對啤酒的定義，因此特別列舉了發泡
酒此一分類。（第 160 頁）

16. POS 系統

POS 系統（Point of Sales）：即銷售時的信息系統，透過自動讀取設
備（如收銀機），可以直接讀取商品銷售資訊（如名稱、單價、銷售總
數等），並可透過網路和電腦系統將資料傳送給相關部門進行分析，
以提高經營效率的系統。（第 180 頁）

17. 一括採用制度

新卒（應屆畢業生）一括採用制度：公司統一針對前來應徵的在學學
生進行書面及面試審查，有時採取測驗模式，通過後取得就職確定的
內定證明，學生在畢業後可立刻進入公司，一種日本獨有的就職方式。
（第 185 頁）

18. 萬事屋

又名便利屋，是日本文化特有的行業，其因應顧客需求提供各式各樣
的服務。（第 201 頁）

後記

讀到這裡的讀者們，是否可以感覺到「只要是合理、理性、利己的選擇，什麼都 OK」，以及「市場原教旨主義、新自由主義」之間的矛盾與不協調感呢？

各位讀者是否能夠理解，這些其實也不過是經濟的一部分而已呢？「市場原理＝機制」這個論點，其實也只是「反覆思考理論下，其中『完全競爭市場』與『獨占市場』等極端的市場是成立的喔」這樣的結論而已，但要瞭解這樣的市場實際上並「不存在」。

這就像是假設「空氣的阻力為零」的高中物理語詞相同。雖然這樣的條件實際上並不存在，但是學習時若能以這樣的假設為前提，就能夠慢慢地加深理解，一直到可以計算出高速行駛中的火車在鐵軌上煞車所需要的力。

把「新自由主義」設定為 1980 年代流行的「小政府」路線，並定義為「小政府較為理想，民間做得到的事情就交由民間處理」。

但即便是這樣的「小政府」也不可能存在於這個世界上（這部分請參考我另一本針對政府規模擴大的著作《圖解 總體經濟學》（十力文化）一書。

政府規模如果單方面地擴大，無法解決的經濟問題也會單方面地增加（全球規模的環境問題或資源問題、傳染病對策等等）。

我們所居住的這個世界，本身就不是合理的世界。

日本憲法
第一條　天皇是日本國的象徵，是日本國民整體的象徵，其地位以主權所在的全體日本國民的意志為依據。
第十四條　全體國民在法律面前一律平等。在政治、經濟以及社會的關係中，都不得以人種、信仰、性別、社會身分以及門第的不同而有所差別。

沒有名字，沒有選舉權，連選擇職業的自由都沒有，限制基本人權的日本憲法第一條規定與法律之下人人平等的第十四條，這兩條法條間有極大的矛盾，要合理說明實在是太困難。

在極端推崇理性思想的法國大革命期間，當時英國的政治哲學家埃德蒙·伯克（Edmund Burke），以「歷史與傳統超越了合理性」痛批處決了國王的法國。

> 歷史與傳統代表了一個世代與下個世代間不相連結的結果，若將其切斷，那麼人就和無頭蒼蠅沒什麼兩樣了。　　　　　　　　　　（中野好之譯《對法國大革命的反思》岩坡書店）
>
> 某個國家的國民以其既存的政治為基礎，長年持續生存繁榮的事實，才是排除連未來不確定性都不清楚的新計畫，不依據任何事賦予既存體制存在理由的法理。
> 　　　　　　　　　　　　　　　（中野好之譯《伯克政治經濟論集》法政大學出版局）

以繼承日本的歷史、文化與傳統的歌舞伎與相撲為起點，這世界上還存在著許多無法用近代合理性解釋的東西。

如同本書中的分析所說，經濟的選擇行動也與理性、感情、價值觀有關。精神活動是從「知情意＝價值判斷的真善美」中成立的，是所有人格的表現。

> 我一面攀登山路，一面想著，理智令人產生稜角。若在情感的河流上恣意撐篙隨波而行則容易迷失，然而堅持己見，便會有拘束感。總之，人世是難以安居的。　　　（夏目漱石《草枕》）

我們所處的世界，是一個無法合理解釋的世界。人們會哭、會怒、會笑，會向弱勢伸出協助的手……這才是人的本質。

「若是要給予這些現象一個統一說明的話，我會說人生是複雜的。訊息不完整、政府不完整，然後人們也是不完整的」（曼昆）

人，不是從比薩斜塔上掉下來的鐵球，是有自我意識活動的個體，在學問上是很棘手的存在。只要是以這樣的「人」為對象研究，要理出十全十美的理論，從經濟學上來說是不可能的。

2015 年 9 月吉日　菅原　晃

参考文獻

※初學者也容易理解的經濟學書籍。

■ Chapter1 ～ 3　ミクロ経済学・経済学一般

マンキュー『マンキュー入門経済学［第 2 版]』東洋経済新報社　2014 年

マンキュー『マンキュー経済学 I ミクロ編［第 3 版]』東洋経済新報社　2013 年

ハバードほか『ハバード経済学 I　入門編』日本経済新聞出版　2014 年

ハバードほか『ハバード経済学 II　基礎ミクロ編』日本経済新聞出版社　2014 年

クルーグマンほか『クルーグマン　ミクロ経済学』東洋経済新報社　2007 年

ティモシー・テイラー『スタンフォード大学で一番人気の経済学入門　ミクロ編』かんき出版　2013 年

ヨラム・バウマン『この世で一番おもしろいミクロ経済学』ダイヤモンド社　2011 年

ピンダイクほか『ミクロ経済学 I』KADOKAWA　2014 年

神取道宏　『ミクロ経済学の力』　日本評論社　2014 年

八田達夫　『ミクロ経済学　Expressway』　東洋経済新報社　2013 年

奥野正寛『ミクロ経済学』東京大学出版会　2008 年

飯田泰之　『飯田のミクロ』　光文社新書　2012 年

三土修平　『はじめてのミクロ経済学【増補版】』日本評論社　2014 年

柳川隆ほか　『ミクロ経済学・入門　新版』有斐閣アルマ　2015 年

石橋春男ほか　『よくわかる！　ミクロ経済学入門』　慶應義塾大学出版会　2014 年

吉田良生ほか　『ミクロ経済学入門〔新版〕』成文堂　2014 年

家森信善ほか　『基礎からわかるミクロ経済学［第 2 版]』中央経済社　2007 年

笠嶋修次ほか　『ミクロ経済学入門』　八千代出版　2011 年

芦谷政浩　『ミクロ経済学』有斐閣　2009 年

荒井一博　『ファンダメンタル　ミクロ経済学　第 2 版』中央経済社　2008 年

ニコラウス・ピーパー『親子でまなぶ 経済ってなに？』主婦の友社　2004 年

高橋知也ほか『超入門経済学』ミネルヴァ書房　2014 年

八代尚宏『反グローバリズムの克服　世界の経済政策に学ぶ』新潮社　2014 年

■ Chapter4　ゲーム理論

岡田章『ゲーム理論・入門　新版』有斐閣アルマ　2014 年

川西諭『ゲーム理論の思考法』KADOKAWA　2013 年

佐々木宏夫『入門　ゲーム理論』日本評論社　2003 年

青木昌彦・奥野正寛編著『経済システムの比較制度分析』東京大学出版会　1996 年

青木昌彦『比較制度分析に向けて』NTT 出版　2003 年

松井彰彦『慣習と規範の経済学　ゲーム理論からのメッセージ』東洋経済新報社　2002 年

中林真幸・石黒真吾編『比較制度分析・入門』有斐閣　2010 年

山岸俊男『安心社会から信頼社会へ』中公新書　1999 年

山根千枝『タテ社会の人間関係』講談社現代新書　1967 年

松尾匡『「はだかの王様」の経済学』東洋経済新報社　2008 年

松尾匡『ケインズの逆襲　ハイエクの慧眼』PHP 新書　2014 年

■ Chapter5　行動経済学

ダニエル・カーネマン『ファスト＆スロー（上下）』早川書房　2012 年

イツァーク・ギルボア『合理的選択』みすず書房　2013 年

マッテオ・モッテルリーニ『経済は感情で動く』紀伊國屋書店　2008 年

マッテオ・モッテルリーニ『世界は感情で動く』紀伊國屋書店　2009 年

アカロフ／シラー『アニマル・スピリット』東洋経済新報社　2009 年

ダイアン・コイル『ソウルフルな経済学』合同出版　2008 年

セイラ―／サンスティーン『実践行動経済学』日経 BP 社　2009 年

ダン・アリエリー　『お金と感情と意思決定の白熱教室』早川書房　2014 年

ダン・アリエリー　『ずる　嘘とごまかしの行動経済学』早川書房　2012 年

ダン・アリエリー　『不合理だからすべてがうまくいく』早川書房　2010 年

キャロル・グラハム『幸福の経済学』日本経済新聞出版社　2013 年

小塩隆士『効率と公平を問う』日本評論社　2012 年

小塩隆士『「幸せ」の決まり方　主観的厚生の経済学』日本経済新聞出版社　2014 年

大垣昌夫／田中沙織『行動経済学』有斐閣　2014 年

大竹文雄『競争と公平感』中公新書　2010 年

大竹文雄ほか『日本の幸福度』日本評論社　2010 年

橘木俊詔『「幸せ」の経済学』岩波現代全書　2013 年

菅原 晃・Akira Sugawara

慶應義塾大學經濟學部畢業、玉川大學文學研究所教育學碩士
現任教於日本北海道，經濟學暢銷書作者，以解說、傳授簡單明瞭的經
濟學本質架構讓一般讀者輕鬆瞭解著稱。其著作：《從高中生開始瞭解
總體、個體經濟學》（河出書房新社），是獲得「來自現役高中教師的
最佳經濟學教科書」之評價的暢銷書。

國家圖書館出版品預行編目(CIP)資料

圖解 個體經濟學
菅原 晃 著；傅莞云 譯. -- 修訂一版.
台北市：十力文化，2020.08
ISBN 978-986-99134-1-6（平裝）
1. 個體經濟學

551   109010010

圖解 個體經濟學（修訂版）
図解 使えるミクロ経済学

作　　者　菅原 晃

責任編輯　吳玉雯
翻　　譯　傅莞云
特約審稿　孫曉君
封面設計　劉映辰
美術編輯　劉詠軒

出 版 者　十力文化出版有限公司
發 行 人　劉叔宙
公司地址　116 台北市文山區萬隆街 45-2 號
通訊地址　11699 台北郵政 93-357 信箱
電　　話　02-2935-2758
網　　址　www.omnibooks.com.tw
電子郵件　omnibooks.co@gmail.com
統一編號　28164046
劃撥帳號　50073947

I S B N　978-986-99134-1-6
出版日期　2020 年 8 月
版　　次　修訂一版第一刷
書　　號　D2007
定　　價　350 元

十力文化出版有限公司　企劃部收

地址：台北郵政 93-357 號信箱

傳真：（02）2935-2758

E-mail：omnibooks.co@gmail.com

　　無論你是誰，都感謝你購買本公司的書籍，如果你能再提供一點點資料和建議，我們不但可以做得更好，而且也不會忘記你的寶貴想法喲！

姓名／　　　　　　　　　　性別／□女□男　　生日／　　　年　　　月　　　日
聯絡地址／　　　　　　　　　　　　　　　　連絡電話／
電子郵件／

職業／□學生　　　　□教師　　　　□內勤職員　　□家庭主婦　　□家庭主夫
　　　□在家上班族　□企業主管　　□負責人　　　□服務業　　　□製造業
　　　□醫療護理　　□軍警　　　　□資訊業　　　□業務銷售　　□以上皆是
　　　□以上皆非　　□請你猜猜看
　　　□其他：

你為何知道這本書以及它是如何到你手上的？
　　　請先填書名：
　　　□逛書店看到　　□廣播有介紹　　□聽到別人說　　□書店海報推薦
　　　□出版社推銷　　□網路書店有打折　□專程去買的　　□朋友送的　　□撿到的

你為什麼買這本書？
　　　□超便宜　　　□贈品很不錯　　□我是有為青年　□我熱愛知識　□內容好感人
　　　□作者我認識　□我家就是圖書館　□以上皆是　　　□以上皆非
　　　其他好理由：

哪類書籍你買的機率最高？
　　　□哲學　　　　□心理學　　　□語言學　　　□分類學　　　□行為學
　　　□宗教　　　　□法律　　　　□人際關係　　□自我成長　　□靈修
　　　□型態學　　　□大眾文學　　□小眾文學　　□財務管理　　□求職
　　　□計量分析　　□資訊　　　　□流行雜誌　　□運動　　　　□原住民
　　　□散文　　　　□政府公報　　□名人傳記　　□奇聞逸事　　□把哥把妹
　　　□醫療保健　　□標本製作　　□小動物飼養　□和賺錢有關　□和花錢有關
　　　□自然生態　　□地理天文　　□有圖有文　　□真人真事
　　　請你自己寫：

十力文化